新媒体视域下的大学生思想政治教育研究

张绮 张竹 著

东北大学出版社

·沈 阳·

ⓒ 张 琦 张 竹 2024

图书在版编目(CIP)数据

新媒体视域下的大学生思想政治教育研究 / 张绮，
张竹著. —沈阳:东北大学出版社，2024.11.
ISBN 978-7-5517-3708-1

Ⅰ.G641

中国国家版本馆 CIP 数据核字第 2025CV5466 号

出 版 者：东北大学出版社
　　　　　地址：沈阳市和平区文化路三号巷 11 号
　　　　　邮编：110819
　　　　　电话：024-83683655(总编室)
　　　　　　　　024-83687331(营销部)
　　　　　网址：http://press.neu.edu.cn
印 刷 者：辽宁一诺广告印务有限公司
发 行 者：东北大学出版社
幅面尺寸：185 mm×260 mm
印　　张：7
字　　数：130 千字
出版时间：2024 年 11 月第 1 版
印刷时间：2025 年 1 月第 1 次印刷
责任编辑：周　朦
责任校对：王　旭
封面设计：张田田　潘正一
责任出版：初　茗

ISBN 978-7-5517-3708-1　　　　　　　　　　定　价：45.00 元

前　言

在数字化的信息时代，新媒体以其独特的传播方式、广泛的覆盖范围和强大的互动能力，深刻地改变了人们的思维方式、生活方式和学习方式，也不可避免地影响着大学生思想政治教育工作。新媒体为大学生思想政治教育搭建了更加广阔的平台，通过新媒体工具，教育者可以打破时空限制，及时、高效地传递思想政治理论与价值观，使教育内容更加贴近学生生活，增强教育的吸引力和感染力。同时，新媒体的互动性让学生能够更加积极地参与思想政治教育活动，从被动接受转变为主动探索，促进了教育主体与教育对象之间的双向交流和深度对话。因此，在新媒体视域下深入探索大学生思想政治教育的新路径、新方法，对发展高等教育具有重要意义。

本书从大学生思想政治教育概论入手，介绍了新媒体视域下的大学生思想政治教育概论，对新媒体视域下的大学生思想政治教育体系构建进行了讨论，探究了新媒体视域下的大学生思想政治教育创新。希望通过本书的介绍，能够为读者在新媒体视域下的大学生思想政治教育研究方面提供参考和借鉴。

在撰写本书的过程中，得到了许多专家、学者的帮助和指导，参考了大量的相关学术文献，在此表示真诚的感谢。本书内容系统全面、条理清晰、深入浅出，力求论述翔实，但是由于著者水平有限，书中难免会有疏漏之处，诚请广大读者及时指正。

著　者

2024 年 7 月

目　录

第一章 大学生思想政治教育概论

第一节 大学生思想政治教育的内涵、功能及其重要性

一、大学生思想政治教育的内涵

从目标定位来看，思想政治教育旨在帮助个体树立正确的世界观、人生观、价值观，引导其形成积极向上的思想品德和高尚情操。这一目标不仅关乎个人的全面发展，更关系到国家的长治久安和社会的和谐稳定。思想政治教育通过加强科学理论教育，培养坚定的理想信念，塑造崇高的爱国情怀，引导人们自觉践行社会主义核心价值观，为实现中华民族伟大复兴的中国梦凝聚精神力量。

从实施主体来看，思想政治教育是一项全社会共同参与的系统工程。它需要学校、家庭、社会等方面的通力合作。广大思想政治教育者要围绕立德树人根本任务，发挥教书育人、管理育人、服务育人的作用，将思想政治教育融入教育教学全过程。同时，要充分调动社会各界的积极性，发挥家庭、社区、媒体等的独特优势，形成全员、全过程、全方位育人的良好氛围。

从内容构成来看，思想政治教育涵盖道德教育、法治教育等方面。其中，道德教育注重培养个体良好的道德品质和行为习惯，塑造其高尚的人格魅力；法治教育强调增强个体的法治意识和法律素养，培养其自觉守法、用法的良好习惯。这些内容相互交融、相辅相成，共同构建思想政治教育的完整体系。

从载体形式来看，思想政治教育需要与时俱进、不断创新。传统的课堂讲授、主题班会等形式固然重要，但在新媒体时代，更需要积极运用网络平台、新媒体技术等现代化手段，拓宽思想政治教育的渠道和途径。要善于运用大学生喜闻乐见的表达方式（如微视频、H5、短视频等），提高思想政治教育的吸引力和感染力。同时，要注重发挥大学生的主体作用，广泛开展体验式、互动式、项目式教学，引导大学生在实践中接受教育、在参与中实现成长。

二、大学生思想政治教育的功能

(一) 价值引领

思想政治教育通过向大学生传播科学的原理和方法论，帮助其树立正确的世界观、人生观、价值观，坚定理想信念，培养高尚的道德情操。在这一过程中，思想政治教育不仅要让大学生掌握系统的理论知识，还要引导其将理论内化为自觉的信念和行为准则。只有坚定理想信念、明确人生目标，个体才能在纷繁复杂的社会环境中把握前进方向，在实现个人价值的同时为社会发展作出应有贡献。

(二) 提升国民素质、培育时代新人

当今时代，科技进步日新月异，社会发展日益多元，这对人才的知识结构、能力素质提出了更高的要求。面对复杂形势，思想政治教育必须与时俱进，创新内容方式，在帮助大学生掌握必备知识、技能的同时，更加注重培养其独立思考、理性判断的能力，引导其形成积极向上、诚实守信的良好品格，成长为担当民族复兴大任的时代新人。

当代中国正处于发展的关键时期，国内外环境正发生深刻变化。一方面，要坚定道路自信、理论自信、制度自信、文化自信，旗帜鲜明地反对各种错误思想的侵蚀；另一方面，要积极回应人民群众的现实关切，最大限度地凝聚社会共识，不断增进人民福祉。思想政治教育必须紧紧围绕人民群众最关心、最直接、最现实的利益问题，做好释疑解惑、疏导情绪、化解矛盾等工作，引导人们增强认同感和归属感，为发展营造良好的社会环境。

三、大学生思想政治教育的重要性

(一) 思想政治教育对大学生成长的意义

思想政治教育不仅关乎大学生个人的全面发展，更影响着国家和社会的未来。大学阶段是世界观、人生观、价值观形成的关键时期，思想政治教育在引导大学生树立正确的世界观、人生观、价值观方面发挥着不可替代的作用。

从个人成长的角度来看，思想政治教育有助于大学生形成积极向上的人生

态度和良好的行为习惯。通过系统学习思想政治理论知识体系，大学生能够深刻认识到个人与社会、国家的关系，明确自己肩负的历史责任和时代使命。同时，思想政治教育还注重培养大学生的爱国情怀、集体主义精神和社会责任感，引导其把个人理想融入民族复兴的伟大梦想之中，在实现中华民族伟大复兴的征程中书写人生华章。这种理想信念和使命担当，必将成为大学生不断进取、奋发有为的精神动力。

从能力提升的角度来看，思想政治教育是大学生提高思想道德素质和增强法治意识的有效途径。通过学习社会主义核心价值观，大学生能够树立正确的道德观、法治观，自觉遵守法律法规，模范践行社会公德、职业道德和家庭美德。同时，思想政治教育还十分重视培养大学生的辩证思维能力、创新能力和解决问题的能力。例如，通过开展主题活动、案例分析讨论等，大学生能够在积极思考、交流碰撞的过程中逐步提高分析问题和解决问题的能力，为将来步入社会、投身实践奠定坚实基础。这些宝贵的思想资源和实践能力，将使大学生在未来的人生征程中受益终身。

从社会发展的角度来看，思想政治教育是培养社会主义建设者和接班人的基础工程。当代大学生肩负着民族复兴的历史重任，是国家发展、社会进步的生力军。他们的思想状况、道德品格在很大程度上决定着中国特色社会主义事业的兴衰成败。因此，加强大学生思想政治教育，引导其坚定理想信念、厚植爱国情怀、锤炼过硬本领，对于凝聚民族复兴磅礴力量、实现中华民族伟大复兴的中国梦具有重大意义。只有培养一代又一代具有过硬专业素质、高尚道德情操的社会主义建设者和接班人，中国特色社会主义事业才能薪火相传，国家才能实现长治久安。

（二）思想政治教育对国家发展的重要作用

思想政治教育关乎国家的前途命运和长治久安。一个国家要实现长期稳定发展，必须高度重视思想政治教育工作，用先进的理论武装人，用正确的舆论引导人，用高尚的精神塑造人，用优秀的作品鼓舞人。只有不断加强思想政治教育，才能不断提升国家的凝聚力和向心力，才能不断提高人民的道德水准，才能不断促进社会主义现代化建设稳定前行。

1. 培育和践行社会主义核心价值观

社会主义核心价值观是当代中国精神的集中体现，凝结着全体人民共同的价值追求。要使社会主义核心价值观成为全社会共同遵循的价值追求，成为人们日常工作生活的基本准则，就必须重视思想政治教育，深化价值观教育，引导人们树立和坚持正确的历史观、民族观、国家观、文化观，树立建设中国特色社会主义的共同理想。只有通过深入持久的思想政治教育，社会主义核心价值观才能内化为人们的精神追求，外化为人们的自觉行动。

2. 推动国家治理体系和治理能力现代化

国家治理体系和治理能力是一个国家的制度和制度执行能力的集中体现。思想政治教育通过广泛宣传国家的路线方针政策，有助于在全社会形成对国家制度和国家治理体系的理论认同、情感认同。同时，思想政治教育还能培养公民的法治意识，提升公民参与国家治理的能力和水平，使国家各项工作在思想舆论的支持和监督下有序开展，不断提高国家治理的科学化、民主化和法治化水平。

目前，我国正处在实现中华民族伟大复兴的关键时期。这一伟大历史进程对思想政治教育提出了新的要求。只有不断加强和改进思想政治教育，才能更好地凝聚民心、汇聚力量，坚定亿万人民为实现中华民族伟大复兴的中国梦而不懈奋斗的决心。

思想政治教育事关国家发展、民族进步和人民幸福。面对复杂多变的国际环境和艰巨的发展任务，高校要充分发挥思想政治教育的作用，在继承中发展、在发展中创新，推动思想政治教育与时代同步伐、与实践同发展，不断开创新时代思想政治教育工作新局面。

（三）思想政治教育对高校人才培养的价值

从培养目标来看，高校人才培养不仅要注重学生对专业知识和技能的掌握，还要重视其思想道德素质的提升和人格品行的塑造。思想政治教育通过系统地向学生传授思想政治理论，帮助其形成科学的世界观、人生观、价值观，明确其肩负的时代责任和历史使命。同时，思想政治教育还注重加强学生的爱国主义教育和集体主义教育，培养其高尚的道德情操和健全的人格品质。只有将专业教育与思想政治教育有机结合，才能真正实现高校立德树人根本任务，培养德智体美劳全面发展的社会主义建设者和接班人。

从教育内容来看，思想政治教育涵盖丰富而深刻的内涵。思想政治教育的内容不仅可以为学生提供科学的世界观和方法论指引，还可以引领学生成长成才。高校要紧密结合学生的认知特点和接受习惯，创新思想政治教育的内容和形式，增强教育的吸引力和感染力，引导学生树立远大理想，坚定理想信念，自觉践行社会主义核心价值观。

从育人机制来看，大学生思想政治教育是一个系统工程，需要学校、家庭、社会多方面的通力合作。学校要把思想政治教育融入人才培养全过程，将其贯穿于学科体系、教学体系、教材体系、管理体系之中。广大思想政治教师要充分发挥课堂主渠道作用，用好课程思想政治这个"金课"，在传授知识的同时，引导学生坚定正确的方向。辅导员、班主任等要做好学生成长的指导者和引路人，关注学生思想动态，及时回应学生关切的问题，帮助学生解决实际困难。家庭要履行好教育引导责任，注重家庭美德和家风建设，为学生的健康成长营造良好氛围。社会各方面也要形成合力，积极构建大思想政治工作格局，为大学生思想政治教育提供有力支持。

第二节　大学生思想政治教育的内容

一、理想信念教育

（一）爱党教育

爱党教育在大学生思想政治教育中占据核心地位，这是由党的性质、宗旨和使命所决定的。中国共产党始终代表中国先进生产力的发展要求，代表中国先进文化的前进方向，代表中国最广大人民的根本利益。因此，引导大学生深刻理解党的历史、理论和使命，树立坚定的爱党情怀，是思想政治教育的首要任务。

1. 爱党教育的内容体系

通过讲述党史、新中国史、改革开放史和社会主义发展史，让大学生了解党的奋斗历程和伟大成就，深刻认识党在中国革命、建设和改革中的领导核心作用。特别是要深入学习党的重要会议、重要事件和重要人物，如红船精神、长征精神等，使大学生能够从历史中汲取智慧和力量。

深入学习马克思列宁主义、毛泽东思想、邓小平理论、"三个代表"重要思想、科学发展观和习近平新时代中国特色社会主义思想，用党的创新理论武装大学生头脑。通过系统的理论学习，帮助大学生树立正确的世界观、人生观、价值观，坚定中国特色社会主义道路自信、理论自信、制度自信、文化自信。

引导大学生深刻理解党的全心全意为人民服务的根本宗旨，培养他们的社会责任感和奉献精神。通过组织社会实践活动、志愿服务活动等，让大学生在实践中感受党的温暖和力量。

加强党的纪律教育，引导大学生严格遵守党的政治纪律、组织纪律、廉洁纪律、群众纪律、工作纪律、生活纪律。通过反面案例警示教育，让大学生深刻认识到违反党纪国法的严重后果，树立遵纪守法、廉洁自律的良好风尚。

2. 爱党教育的实践路径

将爱党教育融入思想政治课、形势与政策课等课程教学中，通过教师讲授、案例分析、小组讨论等方式，加深大学生对党的理解和认同。

组织大学生参观红色教育基地、革命纪念馆等场所，开展红色旅游、社会实践等活动，让大学生在实践中感受党的历史和文化。同时，鼓励大学生参与志愿服务、社区服务等活动，培养他们的社会责任感和奉献精神。

营造浓厚的爱党文化氛围，通过举办主题演讲、征文比赛、文艺演出等活动，激发大学生对党的热爱之情。同时，利用校园广播、校报、网络等媒体平台，宣传党的理论和政策，引导大学生树立正确的价值观和道德观。

选树一批优秀的共产党员和先进典型作为榜样，通过他们的先进事迹和崇高精神引领大学生向党组织靠拢。同时，加强学生党支部的建设和管理，发挥其在大学生思想政治教育中的战斗堡垒作用。

爱党教育关乎大学生的健康成长与国家的长远发展。加强爱党教育，可以引导大学生深刻理解党的历史、理论和使命，树立坚定的爱党情怀和理想信念。这不仅有助于培养大学生成为社会主义事业的合格建设者和接班人，也有助于推动中国特色社会主义事业不断向前发展。

（二）爱国主义教育

爱国主义教育有利于引导大学生树立正确的世界观、人生观、价值观，增强爱国意识和民族自豪感。在新时代背景下，深入开展大学生爱国主义教育，需要从教育内容、教育方式、教育载体等方面进行创新探索。

从教育内容来看，爱国主义教育应与时俱进，紧密结合马克思主义基本原理，引导大学生深刻理解习近平新时代中国特色社会主义思想的科学内涵和精神实质，自觉将个人理想融入民族复兴的伟大征程。同时，爱国主义教育应立足中华优秀传统文化，挖掘蕴含其中的爱国主义基因，帮助大学生继承和弘扬中华民族的传统美德。此外，面对错综复杂的国际形势，爱国主义教育还需要加强国情教育和国家安全教育，增强大学生的忧患意识和风险防范能力。

从教育方式来看，爱国主义教育应坚持理论与实践相结合，课堂教学与社会实践相结合。一方面，高校要充分发挥课堂主渠道作用，不断创新教学方法，增强教学的吸引力和感染力。另一方面，高校要广泛开展主题实践活动（如组织大学生参观爱国主义教育基地、开展志愿服务等），引导大学生在实践中加深对爱国主义的理解和认同。

从教育载体来看，爱国主义教育应构建全方位、立体化的教育体系。高校要充分利用新媒体平台，创新网络思想政治工作方式，用好用活社交媒体平台，使爱国主义教育入脑入心。同时，高校要注重发挥校园文化的育人功能，通过开展形式多样的校园文化活动，营造浓厚的爱国主义氛围。此外，高校还要加强师资队伍建设，提升思想政治教师开展爱国主义教育的能力和水平。

爱国主义教育是一个潜移默化的过程。只有坚持不懈，才能真正实现爱国主义教育的目标，培养大学生成长为德智体美劳全面发展的社会主义建设者和接班人。在具体实践中，高校要立足自身特点，因地制宜、因材施教，探索出一套行之有效的爱国主义教育工作机制。同时，高校要加强与社会各界的协同配合，整合各方面资源，形成爱国主义教育的合力。

（三）社会主义核心价值观教育

社会主义核心价值观是当代中国精神文明建设的重要内容，有利于凝聚社会共识。在大学生思想政治教育中，加强社会主义核心价值观教育，有利于帮助大学生树立正确的世界观、人生观、价值观，培养其家国情怀和社会责任感，促进其全面发展和健康成长。

社会主义核心价值观内容丰富，涵盖国家、社会、个人三个层面。富强、民主、文明、和谐是国家层面的价值目标，反映了国家的发展方向和利益；自由、平等、公正、法治是社会层面的价值取向，体现了社会主义社会的本质要求；爱国、敬业、诚信、友善是公民个人层面的价值准则，是社会主义市场经济条件下公民道德建设的基本要求。这些内容相互联系、相互贯通，构成了社会主义核心价值观的有机整体。

在大学生思想政治教育中开展社会主义核心价值观教育，要引导大学生深刻认识社会主义核心价值观的基本内涵和丰富内容。思想政治教育者要运用丰富的教学案例和生动的教学方式，帮助大学生理解社会主义核心价值观的科学内涵，认识到社会主义核心价值观对于国家发展、社会进步、个人成长的重大意义。

要引导大学生将社会主义核心价值观内化为自身修养和人格特质。思想政治教育者要创设丰富多样的实践平台，鼓励大学生积极参与社会实践、志愿服务等活动，在实践中感悟社会主义核心价值观的真谛，培养爱国主义情怀、集体主义精神和奉献意识。同时，要注重发掘和宣传先进典型，用身边的榜样教育人、感召人，引导大学生见贤思齐，将社会主义核心价值观内化为自身的行为习惯和道德品质。

要引导大学生将社会主义核心价值观外化为自觉行动。思想的力量在于实践，价值观的意义在于能够指导现实生活。思想政治教育者要引导大学生将社会主义核心价值观落实到学习、生活、工作等方面，自觉履行公民义务，积极投身社会主义现代化建设。

此外，高校还要注重将社会主义核心价值观教育与专业教育、创新创业教育、就业指导等有机结合，贯穿人才培养的全过程。要发挥思想政治课、社会科学课的主渠道作用，将社会主义核心价值观融入教学内容，用科学理论武装学生头脑；要发掘各学科蕴含的思想政治教育元素，实现全员、全过程、全方位育人；要将社会主义核心价值观教育融入校园文化建设，营造积极向上的育人环境，推动形成人人崇尚社会主义核心价值观、人人践行社会主义核心价值观的良好氛围。

（四）中国梦教育

中国梦的内涵丰富且深刻，集中体现了中华民族的美好愿望和发展方向。它蕴含着实现国家富强、民族振兴、人民幸福的宏伟蓝图，彰显着中国人民追求美好生活的不懈奋斗。对大学生而言，深刻领会中国梦的精神实质，牢固树立为中国梦奋斗终身的信念，是成长成才的必经之路。只有将个人理想融入民族复兴的宏伟事业中，才能找到人生奋斗的方向和动力，书写出无愧于时代的青春篇章。

中国梦教育要突出理想信念的引领作用，激发大学生的爱国热情和奋斗精神。思想政治教育者要通过生动鲜活的案例教学，让大学生深刻感悟革命前辈为民族独立、人民解放抛头颅洒热血的英雄气概，理解祖国日新月异的发展成就。同时，要引导大学生正确认识当前国际形势的复杂性和艰巨性，激发其为实现中国梦贡献智慧和力量的责任感和使命感。只有将理想信念的种子播撒在大学生心中，才能使其成长为中国特色社会主义事业的合格建设者和可靠接班人。

中国梦教育要注重实践育人，引导大学生在服务社会、奉献他人中感悟人生真谛。要积极组织大学生参与志愿服务、社会实践等活动。同时，要鼓励大学生立足本专业，运用所学知识服务国家建设，在攻坚克难中锤炼意志品质，在创新创业中彰显青春风采。只有让大学生在实践中砥砺成长，才能为民族复兴凝聚磅礴的青春力量。

二、法治观念教育

（一）中国特色社会主义法治理论教育

中国特色社会主义法治理论教育要求思想政治教育者向大学生深入阐释中国特色社会主义法治的核心要义。在教学中，思想政治教师要运用科学的立场、观点和方法，帮助大学生深刻理解中国特色社会主义法治的本质，认识到中国特色社会主义法治最根本的属性，坚定走中国特色社会主义法治道路的信念。

中国特色社会主义法治理论教育要突出法治的实践性，注重培养大学生运用法治思维和法治方式解决实际问题的能力。法治不仅是一种理念，更是一种实践。因此，中国特色社会主义法治理论教育绝不能停留在抽象的理论讲授上，而应紧密联系大学生的现实生活，引导他们运用所学知识分析现实问题。例如，思想政治教师可以选取大学生关注的热点问题，组织大学生开展案例分析，引导他们运用法治理念提出解决问题的对策。这种实践性教学可以增强中国特色社会主义法治理论教育的针对性和实效性，帮助大学生树立法治思维，提高运用法治方式参与社会生活、化解矛盾纠纷的意识和能力。

（二）法律知识普及教育

随着国家法治建设的不断推进，法律已经渗透到社会生活的方方面面。大学生作为国家发展的生力军和未来社会的中坚力量，必须具备扎实的法律知识和较强的法律意识，从而更好地适应社会、服务社会。

1. 帮助大学生建立完整的法律知识体系

我国法律部门众多，法律条文繁杂，如果缺乏系统学习，大学生很难全面了解和掌握。因此，高校应当开设法律基础课程，由专业的法学思想政治教师讲授宪法和各部门法的基本原理和重要制度，引导大学生理解法律的内在逻辑和精神实质。同时，高校应当充分利用第二课堂，邀请法律实务思想政治教育者举办讲座，解读法律热点问题，分享办案经验，拉近法律与大学生的距离。

2. 培养大学生运用法律知识分析和解决问题的能力

单纯的知识灌输很容易导致学生出现"似懂非懂"的情况，遇到现实问题便会束手无策。为了突破这一局限，思想政治教师应当创设贴近大学生生活的情境，引导大学生运用所学的法律知识进行分析和讨论。例如，思想政治教师可以收集典型案例，要求大学生从法律的视角评析案件事实，提出解决方案，培养其法律思维和论证能力。

法律知识普及教育需要思想政治教育者长期不懈地努力。在教学内容上，思想政治教师应当紧密结合社会发展实际，将新颁布的法律法规、新发生的案件纳入课堂，增强教学的针对性和实效性。在教学方式上，思想政治教师应积极探索启发式、体验式、案例式等教学方法，最大限度地调动大学生参与的积极性，提高教学效果。

（三）社会主义法治精神培养教育

对于大学生而言，树立社会主义法治精神意味着要以宪法为核心，牢固确立法律至上、公平正义等基本法治理念，自觉成为社会主义法治的忠实崇尚者、自觉遵守者、坚定捍卫者。这不仅需要大学生掌握必要的法律知识，还要求将法律内化为行为准则和价值追求，形成依法办事的行为习惯和生活方式。

培养大学生社会主义法治精神，需要将法治教育贯穿大学生思想政治教育全过程。高校要开设丰富多样的法律课程，邀请法学专家举办生动的法治讲座，通过案例分析、情景模拟等方式，帮助大学生准确理解法律条文，掌握法律适用的基本方法。同时，高校要搭建法治实践平台，鼓励大学生参与校园法治文化建设，组织法治社团活动，开展校园普法宣传活动，增强法治教育的针对性和实效性。

高校要高度重视法治环境和氛围的营造。一方面，学校管理和运行要严格依法依规进行，用制度保障法治权威，以文化浸润法治理念。另一方面，要加强师德师风建设，思想政治教师要带头尊法、学法、守法、用法，以高尚的人格魅力影响和引导大学生，做大学生成长路上的引路人和指导者。

此外，社会主义法治精神的培养还要注重发挥大学生的主体作用。一方面，要激发大学生学习法律知识的内生动力，提高法律素养，自觉用法治思维分析和解决问题。另一方面，鼓励大学生积极参与学校管理和社会生活，提升运用法治方式表达诉求、化解矛盾的能力，在实践中检验法律知识，进一步增强法治意识。

三、文化素养教育

（一）传统文化教育

传统文化是中华民族在历史发展进程中创造和积累的宝贵精神财富，蕴含着丰富的教育智慧和育人资源。在大学生思想政治教育中，传统文化教育不仅有助于加深大学生对民族历史和文化的理解，增强文化自信和民族自豪感，还能够为其树立正确的世界观、人生观、价值观，并提供精神滋养和智慧启迪。

传统文化教育要注重挖掘其蕴含的思想政治教育元素，将其与当代大学生的成长需求紧密结合起来。例如，中华传统美德中的"忠孝仁义礼智信""富贵不能淫，贫贱不能移，威武不能屈"等观念，生动体现了中华民族崇尚道德、追求真理的高尚品格，对于大学生塑造健全人格、涵养道德情操大有裨益。

在教学实践中，高校可以通过开设传统文化课程、举办传统文化讲座、组织传统文化实践活动等形式，拓宽传统文化教育的途径和渠道。同时，思想政治教师要注重教学方法的创新，采用案例教学、情景教学、体验式教学等生动活泼的教学模式，增强传统文化教育的针对性和实效性。例如，思想政治教师可以利用传统节日（如春节、清明节、端午节等）开展弘扬传统美德、体验传统习俗的主题活动，帮助大学生在实践中加深对传统文化的理解和认同。

此外，高校应重视校园文化环境的营造，通过校园景观设计、文化设施建设等，将传统文化元素融入校园生活的方方面面。例如，在校园内设置传统文化景观（如雕塑、牌坊、匾额等），营造传统文化氛围；在图书馆、博物馆等场所陈列传统文化瑰宝，供师生观赏学习；定期举办传统文化艺术展演（如古琴雅集、诗词吟唱、书法绘画等），陶冶师生情操。唯有形成全方位、多层次的传统文化教育格局，才能充分发挥传统文化的育人功能，实现传统文化教育与大学生思想政治教育的有机结合。

（二）人文素质培养

人文素质是指个人在人文学科领域所达到的修养和素质，其涵盖文学艺术修养、历史文化素养、人文关怀精神等。对于大学生而言，人文素质培养不仅关乎其自身的全面发展，更关系到社会文明进步和人类未来命运。

在知识层面，人文素质培养要求大学生掌握人文学科的基本知识和研究方法。通过系统学习文学、历史等人文学科课程，大学生能够了解人类文明发展的基本脉络，认识不同民族的文化特色，领悟人文经典的深刻内涵。这些知识不仅能够拓宽大学生的视野，还能引导其思考人生价值和社会责任，树立正确的世界观、人生观、价值观。同时，通过学习人文学科的研究方法（如文本分析、逻辑论证、比较研究等），大学生能够提高分析问题、解决问题的能力，培养严谨求实的治学态度和创新意识。

在能力层面，人文素质培养注重提升大学生的人文实践能力。一方面，高校应为大学生提供丰富多彩的人文实践活动（如文学社团、艺术节、人文讲座、社会调研等），并鼓励大学生积极参与，在实践中感悟人文精神，提升人文修养。另一方面，思想政治教师应引导大学生将人文知识与社会实践相结合，运用所学分析现实问题，提出解决方案。例如，面对复杂多变的国际形势，大学生可以运用历史的眼光，分析问题的来龙去脉，提出维护世界和平、促进民族团结的建议。通过参与人文实践，大学生能够将所学知识内化为自身修养，外化为服务社会的能力，实现知行合一。

在价值层面，人文素质培养着力于塑造大学生的人文精神和价值追求。人文精神是人文教育的灵魂，它强调以人为本，崇尚平等，追求真善美，关注人的全面发展。在当前社会转型加速、利益多元化的背景下，培养大学生的人文精神显得尤为迫切。高校要以人文经典为载体，引导大学生领悟中华优秀传统文化的思想精髓，弘扬社会主义核心价值观，坚定文化自信。要鼓励大学生关注社会热点，参与公共事务，在批判继承中坚守人文关怀，在学习借鉴中坚持文化自觉。只有将人文精神内化于心、外化于行，大学生才能担负起引领社会文明进步的时代重任。

人文素质培养必须与思想政治教育相结合，与专业教育相融合。一方面，思想政治教育要推动人文素质培养，引导大学生树立正确的价值观，激发其家国情怀和人文关怀。另一方面，专业教育要渗透人文素质教育，引导大学生正确认识科学技术与人文精神的关系，培养其科学精神与人文情怀。此外，培养大学生人文素质，还要发挥第二课堂和校园文化的独特作用。第二课堂要成为人文素质培养的重要平台，以社团活动等形式营造人文氛围，陶冶情操，启迪心智。校园文化则要体现人文精神，弘扬主旋律，传播正能量，为大学生的人文素质培养创造良好环境。

四、社会责任感教育

（一）公民意识教育

公民意识反映了公民对国家、社会的认同感和责任感。在大学生思想政治教育中，公民意识教育有利于培养大学生的家国情怀、社会责任感和参与意识。

1. 引导大学生树立"国家主人翁"意识

大学生要认识到，自己不仅是国家的一分子，更是国家的主人。国家的前途命运与每位公民息息相关。只有公民积极参与国家事务，履行公民义务，国家才能实现长治久安、繁荣发展。思想政治教师应引导大学生关心国家大事，了解国情，积极反映社情民意，为国家发展建言献策。通过参与校园民主管理、志愿服务等实践活动，大学生可以切身体验民主参与的过程，增强对国家的认同感和主人翁意识。

2. 培养大学生的社会责任感

社会是一个有机整体，每个人都是社会的一分子，肩负着服务社会、奉献社会的责任。这就要求大学生秉持"人人为我，我为人人"的理念，自觉践行社会主义核心价值观，积极投身社会公益事业，为他人着想，为社会作贡献。高校可以通过组织志愿服务、社会实践等活动，引导大学生走进社区，服务基层，在实践中培养责任担当意识。同时，大学生应关注社会热点问题，善于换位思考，以同理心对待不同群体，促进社会的包容与和谐。

3. 增强大学生的公民参与意识

随着我国社会主义制度的发展，公民有序参与国家治理已经成为时代所趋。

这就要求大学生积极参与到国家和社会事务的管理中来，依法表达自己的诉求，主动监督公共机构的工作，推动决策的民主化、科学化。思想政治教师应向大学生介绍我国的各项制度，引导其通过制度化渠道参与管理。同时，还要提高大学生的媒介素养，引导其理性表达观点，抵制不实信息，营造清朗的网络空间。大学生应成为推动国家民主进步的生力军。

（二）集体主义教育

集体主义体现了个人利益服从集体利益、局部利益服从整体利益的价值取向。对大学生进行集体主义教育，就是要帮助其树立正确的集体观念，培养其无私奉献、团结互助的品格，引导其自觉将个人理想融入集体理想之中，为集体利益而努力奋斗。大学生只有真正树立集体主义意识，才能正确处理个人与他人、个人与集体的关系，形成积极向上、团结协作的良好品质。

在教育实践中，高校应创新集体主义教育的内容和方式，增强教育的针对性和实效性。一方面，教育内容要紧密结合大学生的思想实际和成长需求，围绕当代大学生普遍关心的热点、难点问题，开展生动活泼、富有吸引力的教育活动。另一方面，教育方式要突破传统的说教模式，充分利用新媒体技术手段，创新教育载体和话语体系，提高大学生的参与度和互动性。例如，可以通过主题班会、专题讨论、志愿服务、社会实践等形式，引导大学生在集体活动中增进友谊、培养默契、提升协作能力，在服务他人、奉献社会的过程中升华人格、强化使命担当。

此外，开展大学生集体主义教育要加强榜样示范教育。一方面，高校要充分发掘和宣传集体主义教育的典型事迹和先进人物，用身边人、身边事来教育人，让大学生在潜移默化中受到熏陶和感染。另一方面，思想政治教师要发挥言传身教的作用，以自身模范行为影响和带动大学生，做大学生成长路上的引路人和指导者。思想政治教师只有身体力行、以身作则，才能成为大学生的榜样，引领其健康成长、向善向上。

（三）奉献精神教育

奉献精神的内涵丰富且深刻。它要求个人能够坚持正确的价值追求，将个人利益与国家、社会、集体的利益高度统一起来。具体来说，奉献精神包括爱国主义情怀、集体主义观念、助人为乐的品德及吃苦耐劳的品质等。这些品质互为依存、相辅相成，共同构筑奉献精神的基本内核。只有将这些品质内化为自觉追求，外化为实际行动，才能真正做到无私奉献、甘于奉献。

培养大学生奉献精神要从理论和实践两个维度同时发力。一方面，要加强理论学习和思想教育，帮助大学生树立正确的世界观、人生观、价值观。通过学习先进典型事迹，引导大学生深刻认识奉献的意义和价值，进而自觉将个人理想与国家、社会需要相结合。另一方面，要搭建实践平台，为大学生奉献爱心、服务社会提供机会和渠道。志愿服务、支教助学、社区服务等形式多样的实践活动，都是锻炼大学生奉献意识和能力的有效途径。

高校在培养大学生奉献精神方面肩负重要职责。一是要将奉献精神教育纳入思想政治教育体系，形成科学完备的教学体系和评价体系。二是要发挥课堂主渠道作用，在专业课教学中渗透奉献理念，引导大学生树立正确的职业价值取向。三是要完善第二课堂，依托校园文化活动、社会实践活动，营造崇尚奉献的浓厚氛围。四是要加强师德师风建设，引导思想政治教师以身作则，为大学生树立奉献的榜样。

在新时代背景下，大学生要自觉培养和践行奉献精神，勇于担当、甘于奉献，为实现中华民族伟大复兴贡献智慧和力量。

第三节　大学生思想政治教育的任务

一、引导大学生树立正确的世界观、人生观、价值观

世界观是指一个人对世界的总体看法和根本观点。它涉及个体如何理解世界、如何看待世界中的各种事物和现象，以及个体与世界之间的关系。世界观的形成受多种因素的影响，包括个体的成长环境、教育背景、生活经历等。一个正确的世界观应该能够引导人们以客观、全面、理性的态度看待世界，理解世界的本质和规律，从而作出正确的判断和决策。

人生观和价值观作为一个人认识世界、改造世界的基本视角和出发点，深刻影响着个人的思想、情感、行为和命运。对于处于人生观和价值观形成关键期的大学生而言，引导其树立正确的人生观和价值观，有利于其健康成长和全面发展。

树立正确的人生观，就是要引导大学生确立科学的人生目标和崇高的人生

理想。一个人只有确立了远大的人生目标和理想，才能拥有奋斗的动力和方向。思想政治教育者应帮助大学生认清自己的兴趣特长和优势，引导其结合个人特点和社会需要，确立切实可行、充满挑战的人生目标。同时，要教育大学生胸怀家国、心系民族，将个人理想与民族复兴、社会进步紧密结合，树立崇高理想。只有立足当下、放眼未来，将小我融入大我，大学生才能找准人生航向，绽放青春风采。

价值观决定了一个人如何对待自己、他人和社会，影响着个人行为选择的取向。因此，大学生思想政治教育要注重培育大学生积极向上的价值观念。要帮助大学生树立自尊自信、自立自强的自我价值观，引导其正确认识和接纳自我，充分发掘内在潜能，勇于面对困难。要引导大学生树立以他人为中心、乐于奉献的利他价值观，培养其同理心和责任感，提升道德情操。此外，还要教育大学生树立以社会为重、报效祖国的社会价值观，自觉将个人发展与国家富强、民族复兴相结合，以实际行动服务人民、回馈社会。

构建科学合理的世界观、人生观、价值观体系，需要大学生思想政治教育综合施策、系统推进。思想政治教育者要充分挖掘专业课的育人功能，将社会主义核心价值观融入课堂教学，帮助大学生树立正确的世界观、人生观、价值观。同时，要搭建实践育人平台，为大学生提供志愿服务、社会实践、创新创业等锻炼机会，引导其在实践中升华人生境界，强化责任担当。此外，还要注重发挥榜样示范作用，通过宣传先进典型事迹，营造良好的校园文化氛围，使积极向上成为主流价值追求。

大学生世界观、人生观、价值观的形成是一个循序渐进的过程，大学生思想政治教育要尊重这一规律，做到因材施教、循序善诱。面对不同的育人对象，思想政治教育者应采取个性化的引导策略，帮助大学生"扣好人生的第一粒扣子"。对于价值观念模糊、人生目标不明确的大学生，思想政治教育者要引导其澄清理想信念，发掘内心真正的价值追求。对于困惑迷茫、缺乏自信的大学生，思想政治教育者要给予及时的引导和鼓励，帮助其重拾信心。可以应用心理学知识，在关键节点给予大学生精神指引，助其走出人生观困境，重树理想信念。

二、提升大学生的政策分析能力

在当前复杂多变的社会环境下，大学生面临着各种政策议题和社会热点问题，如何正确理解和分析这些问题，关乎其个人成长和国家发展大计。因此，高校应重视培养大学生的政策分析能力，帮助其树立正确的政策认知，增强其参与公共事务的意识和能力。

政策分析能力是一种综合性的能力，涵盖信息收集、逻辑推理、批判性思维等方面。具备这种能力的大学生，能够透过纷繁复杂的表象，抓住问题的本质，理性地分析政策的利弊，提出自己的见解。这不仅有助于其个人的全面发展，更能为国家建设贡献智慧和力量。

培养大学生政策分析能力，需要高校在思想政治教育中下功夫。首先，高校要开设相关课程，系统地传授公共政策的基本理论和分析方法。通过课堂教学，帮助大学生掌握政策分析的基本框架和工具，了解政策制定、执行、评估的一般流程，为其进一步学习奠定基础。其次，高校要创设实践平台，鼓励大学生参与政策议题的讨论和辩论。通过组织专题研讨、模拟决策等活动，锻炼大学生运用所学知识分析问题的能力，提高其表达交流、团队协作等综合素质。再次，引导大学生关注社会热点，培养其政策敏感性。思想政治教师应及时引导大学生关注国内外重大政策动向，鼓励其积极思考，表达自己的观点，在交流碰撞中增进对政策的理解和认知。最后，高校应重视优化育人环境，营造开放包容的校园文化氛围。一方面，要尊重大学生的主体地位，鼓励其独立思考，勇于质疑，敢于创新；另一方面，要提倡理性讨论，引导大学生尊重他人观点，学会换位思考，在争议中达成共识。只有在宽松的环境中，大学生的思辨意识和批判精神才能得到充分发展，其政策分析能力也才能真正得到提升。

三、促进大学生的全面发展

（一）培养大学生健全人格

健全人格不仅包括良好的道德品质、正确的价值观念，还涵盖身心健康、人际和谐等维度。培养大学生健全人格，需要多方协同努力，为大学生营造良好的教育环境和成长氛围。

作为大学教育的组织者和实施者，思想政治教师不仅要传授专业知识，还要注重学生品德的塑造和价值观的引导。在教学过程中，思想政治教师应用自己的模范行为影响和感染学生，帮助其形成正确的世界观、人生观、价值观。同时，思想政治教师还要关注学生的心理健康状况，及时发现并疏导学生的情绪问题，为其提供必要的心理辅导和支持。

学校应科学设置公共课和专业课程，促进大学生全面发展。公共课（如政治理论课、外语课等）有助于拓宽大学生的人文视野，培养其批判性思维和创新意识。专业课则能够帮助大学生掌握扎实的学科知识和专业技能，为其未来职业发展奠定基础。此外，学校还应开设心理健康教育、体育健身等课程，引导大学生加强心理调适和身体锻炼，促进其身心健康发展。

学校应积极组织各类文体活动、社会实践和志愿服务，为大学生提供展示才华、锻炼能力的平台。在参与这些活动的过程中，大学生能够增强自信心、责任感和团队意识，学会与人沟通交流、合作共事，从而促进人际关系的和谐发展。同时，服务社会、奉献爱心的实践体验，也能够激发大学生的家国情怀和社会责任感，帮助其树立正确的价值取向。

良好的家庭氛围和亲子关系，能够给予大学生情感支持和心理慰藉，帮助其顺利度过人生转折期。家长应尊重孩子的个性发展，给予其适度的自主空间，同时防止过度溺爱或放纵。在日常交流中，家长要多倾听孩子的想法，理解其面临的困惑和压力，并给予针对性的指导和鼓励。良性的家校互动能够形成教育合力，为大学生健康成长创造有利条件。

学校和社会各界应加强合作，为大学生提供多样化的社会实践机会，如假期实习、勤工助学、创新创业等。通过走出校园、融入社会，大学生能够了解国情民意，增强社会责任感，锻炼实践能力，从而促进自身全面发展。与此同时，社会各界也要营造积极向上、崇德向善的舆论氛围，为大学生健康成长创造良好外部条件。

（二）提升大学生综合素质

综合素质是指个人在思想品德、知识能力、身心健康等方面的综合品质，是一个多维度、多层次的有机整体。在新时代背景下，提升大学生综合素质已经成为高校育人工作的重中之重。

大学阶段是个体成长成才的关键时期，也是价值观念形成、人格品质塑造的重要阶段。这一时期，大学生的思想观念处于多元化发展阶段，价值取向也更加多样化。因此，高校应加强对大学生的思想政治教育，引导其树立正确的世界观、人生观、价值观，提升其思想道德素质。通过开展丰富多彩的主题活动，创新思想政治课教学方式方法，营造良好的校园文化氛围，可以帮助大学生坚定理想信念、培养高尚的道德情操、形成积极向上的人生态度。

在知识爆炸式增长的时代，大学生不仅要掌握扎实的专业知识，还要具备较高的文化素养和创新创业能力。高校应优化人才培养方案，加强通识教育与专业教育的有机融合，鼓励大学生跨学科学习，培养其批判性思维和创新精神。同时，高校要搭建各类实践育人平台，如学科竞赛、科研训练、创新创业项目等，为大学生提供锻炼能力、施展才华的机会，提升其知识应用能力和实践创新能力。

当前，大学生面临着学业压力、就业压力、人际关系等多重挑战，存在一定的心理问题。高校应完善心理健康教育体系，开设心理健康课程，建立心理咨询机构，及时化解大学生的心理问题和困扰。同时，高校要加强体育教学和锻炼，增强大学生体质，提高其身体素质。丰富多样的校园体育活动可以培养大学生健康的生活方式，帮助其养成终身锻炼的习惯，进而促进身心全面健康发展。

此外，大学生综合素质的提升还离不开良好校风学风的建设。高校应加强制度建设，规范教学管理，严格学风考风，为大学生营造良好的学习生活环境。同时，高校要发挥校园文化的育人功能，通过开展形式多样的校园文化活动（如社团活动、志愿服务、艺术实践等），陶冶大学生情操，丰富其精神生活，提升其文化素养和综合素质。

第二章　新媒体视域下的大学生思想政治教育概论

第一节　新媒体的内涵

一、新媒体的定义与分类

(一) 新媒体的概念界定

新媒体是在数字技术和网络技术迅猛发展的背景下产生的一种全新的媒体形态。广义而言，新媒体泛指所有利用数字技术进行信息生产、传播和处理的媒介。然而，随着技术的不断发展和应用场景的日益丰富，新媒体的内涵也在不断拓展和深化。

从传播学的视角来看，新媒体是一个动态演进的概念，其内涵随着时代发展而不断丰富。早期的新媒体主要是指相对于报纸、广播、电视等传统媒体而言的新兴媒体形式，如门户网站、博客、论坛等。这些新媒体改变了传统的"一对多"传播模式，实现了"多对多"的互动交流。用户不再是被动的信息接收者，而是可以主动参与内容生产和传播的主体。随着 Web 2.0 时代的到来，社交媒体迅速崛起，这标志着新媒体进入了以用户创造内容为核心特征的新阶段。在这个阶段，新媒体进一步突破了传统媒体的界限，成为人们日常交流和社会互动的重要平台。

近年来，随着移动互联网和智能终端的普及，新媒体又呈现出泛在化、碎片化的新特点。移动社交媒体深度融入人们的日常生活，且成为人们随时随地获取资讯、分享信息、进行社交的重要工具。碎片化的阅读和表达方式使信息传播呈现出快速、直接、个性化的趋势。同时，算法推荐、信息流等技术的应用也使得新媒体能够根据用户的兴趣爱好、行为习惯等提供个性化的信息服务，并且为他们带来更加精准、高效的信息获取体验。

除了传播方式的改变，新媒体还催生了一系列新的业态和文化形式。网络直播、短视频、虚拟现实等新型内容形态不断涌现，并且满足了人们多样化、沉浸式的信息需求。数字娱乐、网络社交、在线教育等新业态也在新媒体的推动下蓬勃发展，并且深刻影响了人们的生活方式和社会结构。这些变化表明，新媒体不仅是技术工具，更是塑造时代精神和文化价值观的重要力量。

从媒体融合的角度来看，新媒体的发展正在推动媒体形态的改变。一方面，传统媒体正在利用新媒体平台拓展传播渠道、创新呈现方式、增强互动性，实现从"报纸＋广播＋电视"到"报纸＋广播＋电视＋网络"的转型升级。另一方面，新媒体也在不断吸收传统媒体的优质内容和专业优势，通过与传统媒体的深度融合提升内容品质。可以预见，未来的媒体形态将是一种融合了新媒体特征和传统媒体优势的全新形态。

新媒体是伴随数字技术发展而产生和演进的媒体形态，其内涵是丰富多元、与时俱进的。新媒体不仅改变了信息传播的方式，也深刻影响了人们的交往方式、思维方式和生活方式。作为时代发展的重要推动力，新媒体正在构建人与人、人与社会、人与世界互联互通的新生态。认识新媒体的发展脉络，把握新媒体的丰富内涵，对于洞察时代发展大势、推动媒体融合创新具有重要意义。

（二）新媒体的类型划分

按照新媒体的传播渠道和载体，可以将其分为网络媒体、移动媒体、数字电视等。网络媒体以互联网为依托，包括门户网站、社交网络、视频网站等各种形式。移动媒体则以智能手机、平板电脑等移动终端为载体，涵盖了移动应用程序、移动网站、移动阅读等诸多方面。数字电视则代表了传统电视媒体与数字技术融合的新型媒体形态。

按照新媒体的交互性和参与度，可以将其分为社交媒体、自媒体、公民新闻等。社交媒体强调用户之间的互动和社交联系，如即时通信工具。自媒体则突出个人或组织通过新媒体平台进行信息发布和传播的能力。公民新闻则是指普通民众利用新媒体工具参与新闻生产和传播。

按照新媒体的内容呈现方式，可以将其分为超文本媒体、多媒体、跨媒体等。超文本媒体利用超链接技术，将不同的文本、图像、音频、视频等信息有机地组织在一起，方便用户进行非线性阅读和浏览。多媒体则综合运用文字、图像、音频、视频等多种媒体元素，全方位、立体化地呈现信息内容。跨媒体则强调不同媒体形式之间的融合与联动，从而实现内容的无缝衔接和传播。

按照新媒体的应用领域和服务对象，还可以将其分为行业媒体、专业媒体、本地媒体等。行业媒体面向特定行业和领域，提供专业性、针对性强的信息服务。专业媒体则聚焦某一专业领域,深度挖掘和分析相关话题。本地媒体立足服务特定地域的受众群体,提供本地化、社区化的信息内容。

二、新媒体的特征——交互性与即时性

新媒体的交互性与即时性深刻改变了信息传播的方式和人们的沟通习惯。借助新媒体平台,个体能够便捷地获取海量信息,参与公共事务讨论,表达自我观点。在这个过程中,个人不再是被动的信息接收者,而是主动的内容生产者和传播者。个人与个人、个人与群体之间能够实时互动,形成多向度的信息流动和观点交锋。这种交互性与即时性使社会舆论生成机制发生了变化,同时使公众话语权得到极大彰显。

总之,新媒体的交互性与即时性彰显了公众的主体性地位,使个人在信息生产、传播和讨论中拥有了更大的话语权。个体与个体、个体与社会得以实时互动,多元观点得以充分表达和交锋。这为构建民主、平等、理性的公共讨论空间提供了可能。

三、新媒体的影响

(一)新媒体对经济发展的影响

新媒体的迅速发展和广泛应用正在深刻改变经济发展的模式和途径。新媒体为经济发展注入了新的活力和动力,并且催生了许多新的业态和模式。网络购物、移动支付、共享经济等新兴业态的兴起极大地拓展了经济发展的空间,为消费者提供了更加便捷、多样的商品和服务,同时创造了大量就业岗位。许多传统行业借助新媒体,在营销模式、服务方式等方面进行了创新,提升了运营效率和盈利能力。

新媒体还推动了经济全球化进程,加速了跨国公司的发展。互联网打破了地理区域的限制,使企业能够更加便捷地开拓国际市场,进行跨国经营。许多初创企业依托新媒体平台,实现了快速成长和国际化发展。与此同时,新媒体也加剧了国际经济竞争。

新媒体促进了产业融合和协同发展。传统媒体与新媒体加速融合,形成了全媒体传播格局。信息技术、文化创意等产业与其他行业深度交叉,催生了一批新的业态和增长点。各行各业利用新媒体整合资源、优化流程、提高效率,

加快了经济转型升级的步伐。同时，新媒体带动了创意经济、共享经济、平台经济等新经济形态的崛起。

新媒体对资本市场、金融创新也产生了重要影响。一批新媒体企业通过资本运作实现快速扩张，如互联网金融、众筹等新型金融模式不断涌现，影响了传统金融业态。新媒体为中小企业、创业者提供了更多融资渠道，这有利于激发创业创新活力。

新媒体也对经济发展提出了新的挑战和要求。在信息高度透明、传播速度极快的新媒体时代，企业面临着更加激烈的市场竞争。品牌塑造、口碑营销变得尤为重要。同时，知识产权保护、个人隐私安全等问题日益突出，因此急须加强行业自律和有关部门监管。在新媒体环境下，消费者的需求日益个性化、多元化，并且他们对产品和服务的要求也越来越高，这对企业的创新能力和响应速度提出了更高要求。

（二）新媒体对社会文化的影响

新媒体打破了传统媒体的时空限制，使信息传播更加便捷、高效。人们可以随时随地获取海量信息，满足个性化、多元化的文化需求。这种传播方式不仅拓宽了人们的知识视野，丰富了精神文化生活，也为不同文化的融合提供了广阔平台。在新媒体时代，不同地域、不同民族的文化得以广泛传播，文化多样性得到充分彰显。同时，新媒体也加速了全球化进程中的文化交流。

新媒体还催生了全新的文化表现形式和传播方式。网络文学、数字艺术、短视频等新兴文化样式层出不穷。在新媒体平台上，大众不再是被动的信息接收者，而是积极参与文化生产和传播的主体。例如，"草根"文化、"网红"经济蓬勃发展；大众借助新媒体实现自我表达、分享生活，形成了多元、包容的网络亚文化群落。

四、新媒体与传统媒体的区别

（一）传播方式与信息生产方式的差异

新媒体的传播方式呈现出互动性的鲜明特征，这与传统媒体形成了明显的差异。传统媒体主要采用单向、线性的信息传播模式，这使得信息的生产和传播掌握在少数媒体机构手中，并且使受众处于被动接受的地位。新媒体改变了传统的传播格局，实现了信息传播的双向互动。在新媒体环境下，每个人都可以通过网络平台、社交媒体等渠道表达自我、分享观点，并与他人进行实时交流和互动。这种互动性极大地提升了受众的参与度和主动性，使其从单纯的信息接收者转变为信息的创造者和传播者。

新媒体的传播方式还具有即时性的特点。借助互联网技术，信息的传播突破了时间和空间的限制，实现了实时、快速的传播。无论是新闻事件的报道，还是个人动态的分享，都可以通过新媒体平台将其第一时间传递给受众。这种即时性满足了人们对信息的迫切需求，并且使信息传播的时效性大大提高。相比之下，传统媒体受制于发行周期和播出时段的限制，难以做到实时更新和即时传播。

新媒体的传播方式还呈现出鲜明的个性化特点，这得益于大数据、人工智能等技术的应用。新媒体平台还能够根据用户的兴趣爱好、行为习惯等数据，为其提供个性化、定制化的信息服务。用户可以根据自己的需求，选择感兴趣的内容进行浏览和互动。这种个性化的传播方式满足了受众多元化、差异化的信息需求，提升了用户的黏性和忠诚度。相比之下，传统媒体采用"一刀切"的传播方式，难以满足受众的个性化需求。

新媒体与传统媒体在信息生产方式上也存在明显差异。传统媒体的信息生产专业化程度高；内容制作需要经过采编、审核、发布等环节；信息的权威性和可靠性相对较高。新媒体的信息生产门槛较低，用户可以随时随地通过移动终端设备进行内容创作和发布，但内容质量参差不齐，且真实性和可靠性有待甄别。这就要求受众具备一定的媒介素养和判断力，以便对新媒体信息进行辨析和筛选。

（二）信息呈现形式的差异

传统媒体与新兴媒体在信息呈现形式上存在显著差异。传统媒体主要以文字、图片等静态形式呈现信息；其信息传播方式相对单一，互动性较弱。新媒体则充分利用数字技术，以文字、图片、音频、视频等多种形式呈现信息，并通过超链接、交互设计等方式增强用户体验，实现信息的非线性传播和个性化呈现。

从信息呈现的丰富性来看，新媒体远胜于传统媒体。在传统报刊、广播电视等媒体中，信息呈现形式受到载体的限制，难以实现多样化表达。在门户网站、社交平台、视频网站等新媒体中，文字、图片、音视频、动画等多种形式相互交融，共同增强了信息表现力。用户可以根据自己的需求和喜好，选择合适的形式获取信息。同时，新媒体还能通过信息可视化技术，将复杂的数据转化为直观、生动的图表和模型，以增强信息的可读性和吸引力。

从信息呈现的交互性来看，新媒体也具有明显优势。在传统媒体时代，信息传播主要是单向的，即受众难以直接参与信息的生产和传播过程。新媒体使用户不仅是信息的接收者，也是信息的创造者和传播者。通过点赞、评论、转发等方式，用户能够实时参与信息交流，表达自己的观点看法。一些新媒体平台还提供了弹幕、投票、话题讨论等互动功能，这进一步增强了用户参与感和互动体验。

从信息呈现的碎片化来看，新媒体改变了传统媒体长篇大论的呈现方式。在信息爆炸的时代，用户很难有大量时间和精力去阅读长篇内容。而新媒体采用了碎片化的信息呈现策略，将内容切分为易于阅读和传播的小段落。这种呈现方式虽然有利于信息的快速传播，但是可能导致信息失去完整性和深度。

从信息呈现的即时性来看，新媒体远超传统媒体。借助移动互联网技术，新媒体能够实现信息的实时更新和推送。用户通过手机等移动终端，随时随地获取最新资讯，提高了信息的传播效率。相比之下，传统媒体受到发行周期和覆盖范围的限制，很难做到信息的即时更新。这种即时性优势使新媒体在突发事件报道、热点话题讨论等方面更有优势。

第二节　新媒体视域下大学生思想政治教育的理论基础

一、心理学

（一）认知心理学基础

认知心理学是研究人类认知过程及其机制的科学，其基本理论和研究方法为大学生思想政治教育提供了重要启示。在认知加工过程中，个体通过注意、知觉、记忆、思维等心理活动获取和处理信息，形成对客观世界的认识和理解。这个过程不仅受到外部刺激的影响，还受制于个体已有的知识经验、认知策略和动机情感等内在因素。因此，在思想政治教育过程中，思想政治教育者必须充分考虑大学生的认知特点和规律，有针对性地设计教学内容和方式，这样才能实现良好的教育效果。

具体而言，认知心理学的图式理论、建构主义学习观等为优化思想政治教育内容提供了理论指导。图式理论是指个体头脑中存储着大量关于世界的组织化知识结构。新信息只有与已有图式建立联系，才能被有效同化和吸收。这就要求思想政治教育者深入分析大学生的知识基础和认知图式，合理设置教学内容的难度和深度，使之与大学生的认知结构相适应，激活相关图式，产生认知冲突，从而促进图式的重组与知识的建构。建构主义学习观强调，学习是学习者基于原有经验，通过自主探索和社会协作构建知识意义的过程。这启示思想政治教育者在思想政治教育过程中要重视大学生的主体地位，创设探究性学习情境，引导大学生在实践体验中主动建构价值观念，并将其内化为自身行为的调节机制。

此外，认知心理学关于注意、记忆、问题解决等方面的研究成果对创新思想政治教育方法具有重要价值。研究结果表明，人的注意具有选择性和容量有限性；记忆具有遗忘规律；问题解决需要表征、搜索、比较、决策等认知策略。基于此，在教学过程中，思想政治教师应合理利用多媒体技术吸引大学生注意，运用组块化、复述等方式帮助大学生记忆，设计发散性问题引导大学生进行批判性和创造性思考。总之，只有遵循大学生认知加工的一般规律，因材施教，才能提高思想政治教育的针对性和实效性。

认知心理学还为加强思想政治教育评价提供了新的视角。传统评价往往偏重结果，忽视过程，难以全面反映大学生的认知水平和能力发展。认知诊断理论则强调对大学生知识技能掌握的认知过程进行系统分析，找出认知缺陷，形成个性化的认知诊断报告和教学改进方案。引入此理论有助于建立过程性评价与终结性评价相结合的思想政治教育评价体系，促使评价方式向多元化、人本化转变。

（二）人格心理学基础

人格是个体所特有的一系列相对稳定的心理特征，它决定了个体独特的行为风格。在大学生思想政治教育中，了解大学生的人格特点对于有针对性地开展教育引导工作具有重要意义。

根据人格心理学的理论，可以从多个维度对人格进行描述和分类。例如，卡特尔的16种人格因素理论将人格分为16个维度，如情绪稳定性、支配性、责任心等。艾森克则提出，可以用内外向性和神经质－稳定性两个维度概括人格。虽然不同学派的理论各有侧重，但是都揭示了人格的复杂性和多样性特征。

大学生正处于人格形成的关键时期，他们的人格特点呈现出一些新的趋势。总体来看，当代大学生追求独立自主，勇于展现自我，善于表达内心感受。他们乐于接纳新生事物，富有想象力和创造力。同时，他们的人格发展也面临一些挑战，如价值观念多元化、自我认同困惑、情绪波动较大等。

针对大学生的人格特点，思想政治教育工作应因材施教。对于内向、敏感的大学生，思想政治教育者要多一些鼓励和肯定，帮助他们建立自信，使他们敢于表达自我。对于外向、冲动的大学生，思想政治教育者要加强疏导，引导他们培养自律意识，学会控制情绪。对于在人生发展方向上迷茫的学生，思想政治教育者要多一些耐心，帮助他们找到人生的价值和意义。

此外，思想政治教育者还应注意人格教育与道德教育、智育的结合。思想政治教育者要引导学生形成正确的世界观、人生观、价值观。同时，大学生应在学习中锻炼意志，增强责任感和使命感。

（三）社会心理学基础

作为研究个人与社会互动关系的学科，社会心理学关注群体压力、社会认知、态度和行为改变等问题，这些正是当代大学生面临的现实挑战。在新媒体时代，大学生的心理和行为深受网络平台、虚拟社区等因素的影响。社会心理学理论有助于揭示新媒体对大学生价值观念、人际交往、自我认知的影响，并为思想政治教育活动提供科学依据。

具体而言，社会心理学的多种理论对于指导新媒体环境下的大学生思想政治工作具有启发意义。从社会认知理论来看，大学生通过观察新媒体上的行为模式，将其内化为自身的行为标准和价值取向。因此，思想政治教育者需要重视新媒体平台的示范作用，选树优秀典型，通过榜样的力量引导大学生树立正确的世界观、人生观、价值观。同时，思想政治教育者要加强与大学生在新媒体空间的互动，以平等、亲和的姿态开展教育引导，增强教育的亲和力与感染力。

从认知失调理论的角度来看，当大学生在新媒体接触到与已有认知不一致的信息时，容易产生心理上的不协调和纠结。此时，思想政治教育者要主动介入，帮助大学生厘清思想认识中的矛盾和困惑。一方面，思想政治教育者要引导大学生用科学的观点、方法分析问题，增强其辨别是非、独立思考的能力；

另一方面，要创设开放、包容的教育氛围，鼓励大学生表达真实想法，在平等交流中不断修正自己的认知图式。

从群体动力学理论的角度来看，在大学生利用新媒体参与各类群体互动时，其心理和行为易受群体规范、压力的影响。思想政治教育者要高度重视新媒体群体的教育功能，发挥朋辈群体的正向引领作用。思想政治教育者可以成立大学生思想政治教育领航队，组建积极向上的网络社群，营造良性互动、积极向上的团体氛围，以潜移默化的方式影响大学生的价值取向。同时，要加强新媒体的舆论引导，及时回应大学生关切的问题，化解负面情绪，形成积极健康的舆论氛围。

社会心理学中的态度理论也对新媒体思想政治教育大有裨益。态度作为个体对特定对象的评价性倾向，直接影响大学生对思想政治教育内容的接纳程度。思想政治教育者要充分利用新媒体平台，创新教育内容呈现方式，提高教育的吸引力和感染力。要以大学生喜闻乐见的形式（如短视频、H5、漫画等）将思想政治元素融入丰富多彩的新媒体产品中，激起大学生兴趣，增强思想政治教育的针对性和实效性。

二、教育学

（一）教育传播学基础

教育传播是教育活动得以实现的基本途径，其核心在于教育信息在思想政治教育者和受思想政治教育者之间的传递与交流。在大学生思想政治教育中，思想政治教育者需要运用教育传播的基本原理和方法，有效地将思想政治教育内容传递给大学生，引导其形成正确的世界观、人生观、价值观。

从教育传播的视角来看，大学生思想政治教育是一个多维度、多层次的复杂过程。它不仅涉及思想政治理论知识的传授，更关乎大学生情感、态度、信念等非智力因素的培养。因此，在教育传播过程中，思想政治教育者不能简单地将大学生视为被动的信息接收者，而应充分尊重其主体地位，激发其主动参与的积极性。

具体而言，首先，思想政治教育者需要根据大学生的认知特点和接受习惯，精心设计教育传播的内容和形式。一方面，要紧密结合大学生的思想实际和关注热点，以理想信念、道德品质、法治意识等为主题，帮助大学生树立正确的人生目标和价值取向。另一方面，教育形式要灵活多样、生动活泼，如可以充分利用案例分析、情景模拟、问题讨论等互动性强的方式来调动大学生参与的积极性。

其次，思想政治教育者还应重视教育传播渠道的拓展和优化。随着信息技术的飞速发展，网络已经成为大学生获取信息的主要来源。因此，思想政治教育者要主动占领网络阵地，利用微博、微信、贴吧等新媒体平台，建立与大学生互动交流的网上空间。同时，思想政治教育者也要加强与学生工作部门、学生社团等的沟通与合作，整合多方资源，形成协同效应。

（二）教学设计理论基础

在新媒体环境下，高校思想政治教育者需要立足教学设计理论，不断创新教育教学模式，提升教学实效。

1. 系统设计教学目标

思想政治教育的目标不仅包括知识目标，还包括能力目标和情感态度价值观目标。这要求思想政治教师应根据课程性质、教学内容、学情特点等因素，科学制定符合实际、具有挑战性的教学目标。在目标设计过程中，要注重知识、能力、情感三维目标的有机统一，既要让大学生掌握系统的理论知识，又要着力提升大学生分析问题、解决问题的能力，更要引导大学生形成正确的世界观、人生观、价值观。只有将三维目标高度融合，才能真正完成思想政治教育立德树人根本任务。

2. 精心组织教学内容

面对纷繁复杂的社会现实和海量的信息资源，思想政治教师要立足教学目标，甄选育人价值高、时代特色鲜明的教学内容。要体现思想政治教育的学理性，帮助大学生牢固树立正确的信念。要彰显思想政治教育的时代性，密切关注社会热点问题，引导学生运用所学知识分析并解决现实问题。还要注重挖掘各学科蕴含的思想政治教育资源，推动思想政治教育与专业教育的深度融合，实现全员、全过程、全方位育人。

3. 合理运用教学方法

在信息技术高度发达的新媒体时代，传统的灌输式、说教式教学方法已难以适应大学生的认知特点和接受习惯。因此，思想政治教师应积极探索体验式、参与式、互动式等新型教学方法，充分利用微课、慕课、直播等信息化手段，创设沉浸式的教学情境，调动大学生学习的主动性和积极性。同时，要遵循大学生身心发展规律，采用案例分析、小组讨论、情景模拟等多元化教学形式，引导大学生在实践中感悟真理、坚定信念。

4. 科学评价教学效果

长期以来，思想政治课程考核过于注重结果评价，忽视了过程评价和综合评价的作用。因此，高校应加快构建多元的思想政治教学质量评价体系，将思想政治教师评价、学生评价、社会评价有机结合，既要看重知识考查，也要看重能力素质的提升。要创新评价方式，将闭卷考试与开放作业、理论阐述与社会实践、课堂表现与日常表现相结合，客观地评价学生的学习效果。评价结果不仅要用于学生学业考核，还要将其作为改进教学工作的重要依据，以评促教、以评促学、以评促改。

在新媒体时代，高校思想政治教育者必须以教学设计理论为指导，坚持目标导向、内容为本、方法多元、评价科学，着力提升思想政治教师教书育人的本领和学生的道德品质能力，促使思想政治教育实现高质量发展。这不仅是思想政治教育工作的应有之义，也是落实立德树人根本任务、建设高素质人才队伍的必然要求。高校思想政治教育者唯有不断加强理论学习，提高教学设计能力，优化教学方法，完善教学质量评价，才能肩负起培养社会主义建设者和接班人的光荣使命。

三、管理学

（一）新媒体视域下的思想政治教育组织管理

在新媒体时代，高校思想政治教育者需要与时俱进，创新工作理念和方法，构建符合新媒体生态的思想政治教育组织管理体系。这既是提升思想政治教育实效性的必然要求，也是推动高校思想政治工作高质量发展的关键。

从组织架构来看，新媒体视域下的高校思想政治教育组织呈现出扁平化、网络化的特点。传统的思想政治教育组织多为金字塔形结构，信息传递和资源配置依赖自上而下的层级指令。在新媒体环境下，这种等级森严的组织形态难以适应信息传播的快捷性和互动性需求。因此，高校应积极探索扁平化的组织架构，打破部门壁垒，加强横向联系，建立以需求为导向、以问题为中心的跨部门协同机制。同时，要充分利用新媒体平台，整合校内外资源，实现信息共享、优势互补，增强工作合力。

从管理方式来看，新媒体语境下的大学生思想政治教育组织管理更加注重精细化、人性化。一方面，海量的新媒体数据为思想政治工作提供了全面、及时的学情分析依据。高校可以运用大数据技术，精准了解大学生的思想动态、行为特点和成长需求，实现教育管理的精细化、个性化。另一方面，新媒体为教育者与大学生的平等交流、情感互动提供了便利渠道。思想政治教育者应以朋友的姿态聆听大学生心声，以贴心人的角色关注大学生，营造亲和、温馨的教育氛围，增强思想政治工作的吸引力和感染力。

从队伍建设来看，新媒体时代对思想政治教育者的能力素质提出了更高要求。当前，大学生普遍熟悉新媒体语言和传播规律。这就要求思想政治教育者不仅要有过硬的理论功底和教育教学能力，还要具备新媒体素养和创新意识。高校应加大队伍培训力度，提升思想政治教师运用新媒体开展思想政治教育的能力。同时，要建立科学的考核评价和激励保障机制，调动思想政治教育者的积极性和创造性，激发其投身新媒体思想政治教育的内生动力。

从内容生产来看，新媒体思想政治教育者要树立内容为王的理念，加强理论内容创新，用青年人听得懂、听得进的语言阐释真理。要善于挖掘校园和社会中蕴含的思想政治教育元素，讲好发生在身边的榜样故事、励志故事，凸显思想政治内容的时代性和生活性。要创新呈现方式，综合运用图文、音频、视频等多媒体手段，增强教育内容的感染力和传播力。

在新形势下推进高校思想政治教育组织管理创新，必须立足新媒体语境，把握大学生成长特点，优化组织架构，改进管理方式，加强队伍建设，提升内容质量。只有不断完善新媒体生态的思想政治工作体系，才能更好地引导大学生提升网络安全意识。

（二）新媒体背景下的思想政治教育过程管理

互联网技术的迅猛发展深刻改变了大学生的学习方式、交往方式和思维方式。为了适应新形势下思想政治工作的需要，思想政治教育者必须创新工作理念和方法，优化管理流程，实现教育过程的精准化、个性化和持续化。

思想政治教育过程管理的前提在于建立健全工作机制。这个机制需要在充分利用新媒体技术手段的基础上，统筹线上线下、课内课外、校内校外等各个环节，形成全方位、立体化的教育合力。同时，这个机制还要充分发挥思想政治教育者的主导作用和大学生的主体地位，鼓励师生平等交流、互动共享，实现思想引领、价值塑造和精神激励的有机结合。

从内容设置的角度来看，新媒体环境下的思想政治教育过程管理应当遵循时代性、吸引力和互动性的原则。要及时将科学知识和真理融入教学，引导大学生正确认识国内外形势，坚定理想信念。要关注大学生的思想动态和现实需求，设置贴近生活、形式新颖的教育内容，激发大学生的兴趣和参与热情。此外，还要充分利用微博、微信、直播等新媒体平台，开展线上教学、主题讨论、社会实践等活动，增强师生互动，提高教育效果。

从方法运用的角度来看，新媒体背景下的思想政治教育过程管理应当坚持以人为本、整合创新的理念。一方面，要尊重大学生的个体差异，根据其兴趣特点、认知风格等因素，提供个性化的教育服务。例如，可以利用大数据技术，对大学生的学习行为、思想状况进行精准分析，有针对性地开展教育引导。另一方面，要善于整合各种教育资源，创新方法手段。例如，可以与校园广播、校报等传统媒体联动，开设思想政治专栏；也可以与企业、社区对接，搭建实践育人平台。

从评价反馈的角度来看，新媒体背景下的思想政治教育过程管理应当建立科学、动态的评估机制。其一，要制定合理的评价指标，兼顾过程考核和结果测评，全面评估教育效果。其二，要充分利用新媒体的优势，增强评价的针对性和即时性。例如，可以通过在线问卷、即时投票等方式，随时收集大学生对教学内容、教学方法的反馈意见，并及时调整改进。其三，还要注重评价结果的运用，将其作为优化教学设计、改进管理机制的重要依据。

在新媒体时代下，思想政治教育过程管理必须与时俱进、开拓创新。只有思想政治教育者主动顺应时代发展，深度融合新媒体技术，不断完善工作机制、优化教育内容、创新教学方法、健全评价体系，才能切实提升思想政治教育的针对性和实效性，引导大学生坚定正确的政治方向，促使其健康成长和全面发展。这既是思想政治教育者的使命，也是实现高校立德树人根本任务的必然要求。

四、网络传播学

(一) 网络传播的技术特点

网络传播在技术层面呈现出互动性、即时性和多媒体性的鲜明特点。

互联网的出现打破了传统大众传播的单向度局限，开创了全新的交互式传播时代。在网络空间中，每个人都可以参与信息的生产、传播和反馈，从而形成了多向互动的传播格局。这种互动性不仅体现在人与人之间的交流上，也体现在人与信息之间的互动上。用户既可以根据自己的需求主动搜索、筛选信息，也可以对信息进行点赞、转发、评论等操作，参与信息的再生产。

与传统媒体相比，网络传播突破了时间和空间的限制，具有前所未有的即时性。借助互联网技术，信息可以在极短的时间内传遍全球每个角落。这种即时性使人们能够第一时间了解最新动态。同时，网络的即时性也对信息的生产和传播提出了更高要求。

网络传播的另一个重要特点是多媒体性，即通过文字、图片、音频、视频等多种媒体形式呈现信息。多媒体技术的应用极大地丰富了网络信息的表现力，并且使枯燥的文字变得生动形象，使抽象的概念变得具体易懂。视觉化的信息呈现方式更加符合人们的认知规律，能够迅速吸收受众的注意。此外，多媒体信息还能带来身临其境的沉浸式体验。

正是由于具备互动性、即时性和多媒体性，网络传播才能深刻影响人们的信息获取方式、交流模式和思维习惯。面对网络传播的新特点，思想政治教师需要与时俱进，主动适应这个趋势。首先，思想政治教师要充分利用网络平台开展教学活动，用好互动性、即时性的优势，构建师生、生生之间良性互动的新型关系。其次，思想政治教师要提高信息素养，学会运用多媒体技术进行教学内容的呈现，用生动直观的方式吸引大学生，提高教学效果。最后，思想政治教师还要加强对大学生的媒介素养教育，引导其理性看待网络信息，提高辨别能力，树立正确的价值取向。

(二) 网络传播的心理影响

在信息技术高度发达的今天，网络已经融入大学生学习、生活的方方面面。大学生的认知模式、情感体验、人际交往、自我认同都深受网络传播的影响。

从认知模式层面来看，网络传播极大地拓展了大学生获取信息的渠道。海量的网络信息资源有助于大学生开阔眼界、启迪思想。然而，网络信息良莠不齐，一些不实、有害的信息也会对大学生的认知判断产生负面影响。部分大学生缺乏独立思考和理性分辨的能力，容易被网络谣言和错误观点误导。

从情感体验的角度来看，网络为大学生提供了丰富多元的情感表达渠道。在网络空间中，大学生能够畅所欲言，抒发内心的喜怒哀乐。网络的匿名性和虚拟性也让一些内向、敏感的大学生找到了情感宣泄的出口。然而，过度依赖网络表达情感，可能导致大学生现实情感体验的缺失。沉溺于网络世界的大学生，往往难以建立真挚、深入的情感联结，甚至出现情感淡漠、人际疏离等问题。

从人际交往的维度来看，网络打破了时空限制，极大拓宽了大学生社交的范围。通过网络平台，大学生能够结识志同道合的朋友，分享彼此的生活感悟。然而，网络交往的随意性和浅表性也可能影响大学生人际交往能力的培养。过度依赖网络交往的大学生，往往缺乏面对面交流的勇气和技巧，难以建立深入、持久的友谊。

网络传播还可能对大学生的自我认同产生影响。在网络空间中，每个人都可以塑造自己理想的形象，获得他人的认可和赞许。然而，过于追求网络认同可能导致现实自我的迷失。一些大学生热衷于在网络上展示美好的一面，却对现实中的自我感到失望和否定，出现自我认同危机。

（三）网络传播与思想政治教育的融合

在新媒体时代，如何有效利用网络平台开展思想政治教育，引导大学生树立正确的价值观念，已成为思想政治教育者亟须解决的现实问题。将网络传播与思想政治教育有机融合，需要从内容、形式和途径等维度进行系统设计和创新实践。

在内容方面，思想政治教育要紧密结合大学生的认知特点和兴趣需求，精心设计富有吸引力和感染力的网络教育内容。一方面，要加强理论内容的时代性和前瞻性，及时将理论上的创新成果融入教育教学之中，帮助大学生深入理解习近平新时代中国特色社会主义思想的科学内涵和实践要求。另一方面，要注重教育内容的生动性和趣味性，充分利用网络平台呈现方式的多样化优势，通过微视频、H5、知识问答等人们喜闻乐见的形式，增强思想政治教育的吸引力和感染力，提升大学生的参与度和认同感。

在形式方面，要积极探索线上线下相结合的教育模式，充分发挥网络传播的优势，拓宽思想政治教育的时空边界。线上教育可以依托网络平台，及时推送优质教育资源，开展在线教学、主题讨论、心得分享等活动，实现思想政治教育的常态化和泛在化。线下教育要注重师生面对面交流，开展形式多样的社会实践，引导大学生在亲身体验中感悟真理、践行真知，将从网络上获得的知识内化为自觉行动。线上线下的有机结合，能够实现思想政治教育的立体化和全覆盖，有效提升教育实效。

在途径方面，要加强校内外资源的整合利用，构建全员育人、全过程育人、全方位育人的工作格局。在校内，要发挥各职能部门合力，推动思想政治课、社会科学课、专业课等协同联动，将思想政治教育融入人才培养全过程。在校外，要积极对接主流媒体，借助其平台资源和传播优势，扩大思想政治教育的影响力和覆盖面。同时，要重视发挥学生组织、社团和个人的主体作用，鼓励大学生积极创造网络文化产品，运用网络语言讲述当代大学生的励志故事，传播正能量，营造良好的育人环境。

第三节　新媒体视域下大学生思想政治教育的原则

一、互动性原则

（一）多向交流原则

新媒体以其交互性、即时性、泛在性等特点，深刻影响着当代大学生的学习和生活方式，改变了他们获取信息、交流思想的主要途径。在这种背景下，大学生思想政治教育必须主动适应新媒体环境，创新工作理念和方法，有效引导大学生树立正确的世界观、人生观、价值观。

多向交流是新媒体环境下大学生思想政治教育的基本要求。传统的思想政治教育主要采取单向传播模式，思想政治教育者居于主导地位，大学生处于被动接受的状态。这种模式难以调动大学生的主动性和参与性，容易引起大学生的逆反心理。新媒体打破了传统的传播格局，实现了信息的双向流动和多方互动。在新媒体平台上，思想政治教育者和大学生可以平等交流、充分互动，共同探讨思想认识问题。这种多向交流有利于思想政治教育者及时了解大学生思想动态，可以有针对性地开展教育引导工作。同时，大学生也可以通过新媒体表达自己的看法，与他人交流讨论，在碰撞交流中加深对问题的认识和理解。可见，多向交流有助于实现师生之间、学生之间的良性互动，激发教育主体的内在活力。

多向交流原则要求思想政治教育者转变角色定位，由知识的传授者转变为大学生学习的引导者和促进者。在新媒体环境下开展思想政治教育，思想政治教育者应平等地与大学生交流互动，以开放包容的态度聆听大学生心声，尊重大学生的主体地位。同时，思想政治教育者要引导大学生客观、理性看待网上信息，增强他们的独立思考和判断能力，让他们在参与讨论、表达观点的过程中实现自我教育和自我提升。只有充分尊重学生主体性，鼓励学生积极参与，才能真正实现思想互通和达成共识。

新媒体丰富的表现形式为实现多向交流提供了有力支撑。文字、图像、音频、视频等媒体形态的综合运用，极大拓宽了思想政治教育的表现空间，提升了教育内容的感染力和吸引力。思想政治教育者可以利用新媒体平台，通过发布图文、投票调查等形式，引导大学生围绕热点问题展开讨论；也可以利用网络直播技术，实现师生实时互动交流。此外，还可以开发教育类应用程序，搭建交流互动的专属平台。总之，要充分运用新媒体技术手段，创新交流互动方式，用大学生乐于接受的方式传播思想观念，实现教育效果的最大化。

当然，在交流过程中，思想政治教育者要把握好方向和节奏，适时引导话题，引导大学生更深入地思考。对于错误观点和负面言论，要旗帜鲜明地批驳，用真理的力量化解谬误的影响。此外，还要防止交流流于形式主义，避免为交流而交流的倾向。无论采取何种方式，交流最终都要回归教育的本质，着眼于大学生的健康成长。

（二）平等参与原则

在新媒体时代，大学生已经不再是被动接受思想政治教育的客体，而是主动参与、积极互动的主体。思想政治教育者和大学生之间的地位更加平等，双方在教育过程中的互动更加频繁、深入。

新媒体打破了传统思想政治教育的时空限制，为思想政治教育者和大学生搭建了一个开放、互动的平台。在这个平台上，大学生可以表达自己的观点和看法，思想政治教育者也可以及时了解大学生的思想动态，有针对性地开展教育工作。这种平等、互动的教育模式有利于增进师生之间的理解和信任，提高思想政治教育的亲和力和感染力。

平等参与原则要求思想政治教育者尊重大学生的主体地位，充分调动其参与思想政治教育的积极性和主动性。思想政治教育者应以平等的身份与大学生交流互动，耐心聆听他们的心声，理解他们的需求。同时，思想政治教育者还应创设开放、包容的教育环境，鼓励大学生畅所欲言，表达不同观点，形成平等、理性的讨论氛围。

在平等参与的过程中，思想政治教育者要善于引导大学生正确认识和运用新媒体，提高其信息素养和媒介素养。面对新媒体时代信息泛滥、观点多元的特点，大学生容易受到各种错误思想的影响，产生价值观念的偏差。思想政治教育者应帮助大学生树立正确的世界观、人生观、价值观，提高其辨别是非、独立思考的能力，引导其理性、客观地看待新媒体传播的各种信息。

此外，平等参与原则还要求思想政治教育者与大学生共同参与到思想政治教育的各个环节，实现教育过程的民主化。思想政治教育者应充分尊重大学生的意愿和选择，在制定教育目标、设计教育内容、选择教育方式等方面征求他们的意见和建议。同时，思想政治教育者还应鼓励大学生积极参与到思想政治教育的实践活动中，如组织主题讨论、开展社会调查、参与志愿服务等，让他们在实践中加深对理论知识的理解，提高运用知识分析和解决问题的能力。

(三) 及时反馈原则

在信息技术高度发达的今天，新媒体以其便捷、快速、互动性强等特点，深刻影响着大学生的学习和生活。大学生思想政治教育工作要适应这一变化，必须遵循及时反馈原则，与大学生建立良性互动，增强教育的针对性和实效性。

1. 构建完善的信息收集与分析机制

在新媒体时代，大学生的思想动态瞬息万变，呈现多样化、个性化的特点。这就要求思想政治教育者利用新媒体平台，通过网络问卷、在线访谈、数据挖掘等方式，及时全面地了解大学生的思想状况、价值取向、行为方式。只有掌握第一手资料，才能做到有的放矢，增强教育的针对性。同时，需要对收集到的信息进行科学分析，准确把握大学生思想的共性和个性，为制定教育策略提供依据。

2. 建立顺畅的交流互动渠道

新媒体打破了传统的师生界限，为双向交流提供了便利条件。思想政治教育者要主动适应这一变化，改变以往单向灌输、被动接受的模式，积极利用新媒体工具与大学生互动。一方面，要通过发布信息、答疑解惑等方式，及时回应大学生关切的问题，引导其形成正确认识；另一方面，要鼓励大学生表达观点、参与讨论，在平等交流中达成共识。唯有如此，才能拉近与大学生的距离，增进彼此了解和信任，提高教育的亲和力和感染力。

3. 增强思想政治教育的实效性

在新媒体环境下，大学生接收信息的速度加快，思想观念更新也较为频繁。这就要求思想政治教育者必须与时俱进，根据反馈信息不断完善教育内容和方法，增强教育的时效性和吸引力。一方面，要紧密结合大学生的思想实际，有针对性地开展教育引导，帮助其澄清模糊认识，坚定理想信念；另一方面，要创新教育形式，运用大学生喜闻乐见的新媒体元素，增强教育的感染力和渗透力。只有做到内容贴近学生、形式贴近时代，才能不断增强教育的针对性和实效性。

二、以人为本原则

（一）满足大学生个性需求

在信息技术迅猛发展的时代，大学生的个性日益鲜明，他们追求自我表达、渴望个性发展。因此，思想政治教育必须尊重大学生的个体差异，关注其独特需求，这样才能真正走进大学生内心，发挥教育的育人功能。

新媒体为满足大学生个性化需求提供了广阔空间。相较于传统媒体，新媒体具有交互性强、表现形式多样、传播范围广等特点。思想政治教育者可以运用新媒体平台，开发个性化、多元化的教育内容，以贴近大学生的兴趣爱好和认知特点。例如，针对理工科学生，可以制作以科技创新为主题的微视频，激发其专业学习热情；对于人文社科学生，则可以开设在线读书会，引导其进行深度思考和交流。这种因材施教的方式能够增强思想政治教育的针对性和实效性。

此外，满足大学生个性化需求要求思想政治教育者与大学生建立平等、互信的师生关系。新媒体打破了传统的师生界限，为双方的沟通交流搭建了便捷渠道。思想政治教育者应主动走进大学生的网络世界，通过点赞、评论、私信等方式，了解他们的思想动态和情感诉求。对大学生提出的疑惑，思想政治教育者要耐心解答、循循善诱；对大学生表达的观点，思想政治教育者要包容并蓄、平等交流。唯有在民主、和谐的氛围中，大学生才能敞开心扉，思想政治教育者才能有的放矢地开展教育。

需要强调的是，思想政治教育者在尊重大学生个性的同时，也要加强引导，帮助他们澄清模糊认识，纠正错误观点，自觉将个人发展与国家命运、民族复兴相结合。

（二）尊重大学生主体地位，促进大学生全面发展

在互联网技术迅猛发展、信息海量增长的背景下，大学生的学习生活方式和思维模式都发生了深刻变化。他们渴望个性化、多元化的教育内容，期待平等、互动的师生关系，想要获得尊重和满足自身发展需求的教育环境。因此，大学生思想政治教育必须立足大学生主体地位，关注大学生的现实需求，促进大学生的全面发展，真正发挥育人功效。

在新媒体时代，大学生已经不再是被动接受知识的对象，而是教育活动的参与者和创造者。他们通过新媒体平台表达自己的观点，参与社会讨论，展现个性风采。面对这一变化，思想政治教育必须树立"以生为本"理念，充分尊重大学生的主体性和能动性，为其提供表达观点、展示才华的平台。思想政治教育者要平等地与大学生交流，聆听他们的心声，了解他们的困惑，用真诚和爱心去感化、引导他们。只有让大学生真切感受到作为主体的尊严，才能唤起其参与热情，增强教育实效。

随着社会的高速发展和人才竞争的日益激烈，单纯的知识型人才已经不能适应时代要求。大学生思想政治教育肩负着塑造学生健全人格、提升综合素质的重任。因此，教育内容不能局限于思想道德领域，还要关注大学生身心健康、人际交往、情绪管理、职业规划等方面的发展需求。教育形式也要突破课堂的时空限制，延伸到大学生课外生活和社会实践中，帮助他们在实践中加深对所学知识的理解，提升运用知识解决问题的能力。此外，还要重视对大学生创新意识和实践能力的培养，鼓励他们积极参与科技创新、志愿服务、社会调研等实践活动，使其在实践磨砺中提升综合素质。

三、实时性原则

（一）信息传递及时性

在信息技术高度发达的今天，新媒体以其便捷、快速、海量的特点深刻影响着大学生的学习和生活。大学生习惯通过新媒体获取各种信息，形成自己的认知和判断。因此，思想政治教育者必须适应这一趋势，利用新媒体平台及时

传递教育信息，引导大学生树立正确的世界观、人生观、价值观。

从教育内容来看，思想政治教育涉及理想信念、道德品质、法治意识、心理健康等方面。这些内容与大学生的成长息息相关，对其人格塑造和价值观念形成具有重要影响。然而，在信息快速更新迭代的新媒体时代，如果教育内容不能与时俱进，不能及时反映社会发展的新变化、新要求，就难以引起大学生的共鸣，更谈不上实现教育目标。因此，思想政治教育者要紧跟时代步伐，密切关注经济社会发展和大学生思想动态，不断更新教育内容，增强针对性和实效性。只有这样，才能在第一时间用大学生听得进、感兴趣的方式传递育人信息，引导其树立正确的世界观、人生观、价值观。

从教育方式来看，新媒体为思想政治教育提供了更加灵活、多元的选择途径。首先，思想政治教育者可以利用新媒体形式制作生动活泼的教育产品，用大学生乐于接受的方式传递正能量。其次，思想政治教育者可以通过新媒体平台与大学生开展互动交流，及时回应他们的疑虑，增进彼此间的了解和信任。这种沟通方式突破了传统的师生界限，拉近了心理距离，有利于构建良好的教育关系。最后，借助新媒体的互动功能，思想政治教育者可以开展丰富多样的主题活动（如网上主题团课、线上座谈研讨等），最大限度地调动大学生的参与热情，使其在潜移默化中接受教育。

信息传递的及时性原则还要求思想政治教育者提高新媒体素养，掌握新媒体传播规律。首先，思想政治教育者要学会辨别信息的真伪，不被谣言和错误言论所蒙蔽，传播主旋律、弘扬正能量。其次，思想政治教育者要掌握新媒体语言表达的特点和技巧，学会用大学生喜闻乐见的话语方式、表达习惯塑造教育内容，提高传播的亲和力与感染力。最后，思想政治教育者要加强与大学生的互动，及时回应他们在网上提出的疑问和观点，澄清模糊认识，坚定理想信念，用真理的力量引导人心向善。

（二）教育内容更新迭代

传统的教育内容往往局限于教材和课堂，难以跟上时代发展的脚步，难以满足大学生多样化的学习需求。因此，思想政治教育者应积极探索教育内容更新迭代的有效途径，不断优化和创新教学内容，为大学生提供丰富多彩、与时俱进的学习体验。

教育内容更新迭代要紧跟学科前沿，将最新的科研成果和学术动态及时融入教学之中。随着科学技术的不断进步，各学科领域都在经历日新月异的变化。如果教学内容仍然停留在过去的知识体系中，就难以反映学科发展的最新成就，也无法培养大学生的创新意识和批判性思维。因此，思想政治教师应加强学术交流，积极参与学术会议和研讨活动，了解本学科的前沿动态和发展趋势。同时，思想政治教师应深入钻研教材，甄别其中的过时内容，用新的研究成果和学术观点予以补充和更新。只有这样，才能使教学内容保持旺盛的生命力，激发大学生的学习兴趣和探究热情。

教育内容更新迭代要注重与社会实践的紧密结合。书本知识源于生活，又应用于生活。脱离社会实践的教育内容难以引起大学生的共鸣。因此，思想政治教师应走出校园，深入社会生活，将鲜活的案例和实践经验引入课堂教学。例如，当教授政治经济学原理时，思想政治教师可以结合当前的经济形势和热点问题，引导大学生运用所学知识分析现实生活中的经济现象；在进行思想政治教育时，思想政治教师可以针对大学生关心的社会热点和焦点问题展开讨论，引导他们形成正确的世界观、人生观、价值观。通过教育内容与社会实践的有机结合，大学生能够更加直观地感受知识的现实意义，提高运用知识解决实际问题的能力。

此外，教育内容更新迭代应体现时代性和前瞻性。在新媒体环境下，知识更新的速度越来越快，许多新兴技术和行业正在蓬勃发展。这就要求教育内容不仅要立足当下，还要着眼未来，为大学生的长远发展奠定基础。一方面，思想政治教师应根据时代发展的需要，及时更新教学内容，如增设人工智能、大数据、区块链等新兴学科和交叉学科的课程，帮助大学生掌握未来发展所需要的核心技能。另一方面，思想政治教师应注重培养大学生的学习能力和适应能力，引导其掌握自主学习的方法，养成终身学习的习惯。唯有如此，大学生才能在知识日新月异的时代中立于不败之地，成为适应未来挑战的高素质人才。

四、渗透性原则

（一）嵌入性渗透

新媒体时代下的思想政治教育不能仅仅局限于显性的、正面的引导，还应充分利用新媒体无处不在的特点，在潜移默化中实现价值观的塑造和思想的引领。嵌入性渗透原则要求思想政治教育者巧妙地将思想政治教育内容融入大学生的日常生活、学习和交往中，使他们在不知不觉中接受教育。

具体而言，思想政治教育者可以利用新媒体平台的算法推荐机制，有针对性地向大学生推送富含正能量、弘扬主流价值观的内容。这些内容可以是新闻报道、公众号文章、短视频等形式，但应具有思想性、艺术性和吸引力，能够引发大学生的兴趣和共鸣。例如，思想政治教育者可以在短视频平台上发布体现爱国主义、集体主义、社会主义核心价值观的原创视频，通过生动活泼的表现形式吸引大学生的注意力，潜移默化地影响其价值取向。

思想政治教育者可以利用新媒体的社交属性，在与大学生的日常交流互动中渗透思想政治教育。通过即时通信工具，思想政治教育者可以分享励志故事、人生感悟，传递正面价值观；通过社区平台，思想政治教育者可以就社会热点问题发表评论，引导大学生形成正确的是非判断。这些看似随意的交流，实则蕴含着深刻的教育意图，能够在无形中影响大学生的思想和行为。

在嵌入性渗透的过程中，思想政治教育者应注重方式方法的创新，增强教育内容的吸引力和感染力。单纯的说教式教育很容易引起大学生的反感和抵触，而寓教于乐、润物细无声的方式更容易被他们接受。思想政治教育者可以利用新媒体的互动性和多媒体属性，设计具有参与感和沉浸感的教育活动（如主题H5、交互式视频等），让大学生在参与的过程中受到教育的熏陶。

需要指出的是，嵌入性渗透并非意味着教育的随意性和无原则性。相反，思想政治教育者必须坚持正确的价值导向，坚持社会主义核心价值观，确保教育内容的科学性和正确性。同时，思想政治教育者要尊重大学生的主体地位，建立平等、民主、互信的师生关系，潜移默化地激发大学生的内在动力，引导其自觉接受教育、主动进步。

（二）持续性渗透

在新媒体视域下，思想政治教育应贯穿大学生日常生活和学习的方方面面，形成持久而稳定的影响。在新媒体时代，大学生的生活、学习、娱乐等活动越来越多地在网络空间展开，这为思想政治教育提供了广阔的渗透空间。思想政治教育者应充分利用新媒体平台的互动性、即时性、泛在性等特点，通过潜移默化的方式，将正确的世界观、人生观、价值观融入大学生的日常信息接收和交流互动中，实现全方位、全过程的思想引领。

具体而言，持续性渗透可以通过开设思想政治教育类公众号、建立大学生喜闻乐见的网络互动社区、制作体现主流价值取向的网络文化产品等方式实现。例如，高校可以开设官方公众号，定期推送时政要闻、校园动态、优秀学子事迹等内容，用鲜活生动的案例宣传践行社会主义核心价值观的典型，进而潜移默化地影响大学生的价值认知和行为取向。又如，辅导员、班主任可以利用网络社交平台，开展形式多样的主题活动，引导大学生在轻松愉悦的氛围中加深对理想信念、道德修养、法治精神等内容的理解和认同。再如，学校可以成立大学生网络文化工作室，鼓励大学生利用新媒体技术创造贴近生活、喜闻乐见的网络文化作品，传递正能量，引领社会风尚。

持续性渗透的关键在于把握新媒体传播的规律，创新教育内容呈现的方式方法。首先，思想政治教育者要深入分析新媒体环境下大学生的心理特点和行为习惯，根据其兴趣爱好、接受习惯来设计教育内容，增强教育的吸引力和感染力。其次，思想政治教育者要注重教育形式的新颖性和互动性，鼓励大学生参与体验式、互动式的教育活动，在实践中加深认知、坚定信念。最后，思想政治教育者要注重将显性教育与隐性教育相结合，通过潜移默化的方式影响大学生，避免生硬说教而引起大学生反感。

第四节　新媒体视域下大学生思想政治教育的特点

一、教育内容的多样性与互动性

（一）多样性

随着信息技术的迅猛发展和教育理念的不断更新，传统的思想政治教育模式已经难以满足新时代大学生成长成才的需求。因此，深度开发和利用新媒体平台所蕴含的教育资源，进一步创新思想政治教育内容和方式，已经成为思想政治教育者的共识和努力的方向。

新媒体视域下教育资源的丰富性体现在内容形式的多样化上。得益于数字化技术的普及应用，思想政治教育资源的承载方式日益多元，文字、图片、音频、视频、动画等表现形态各展所长。这种形式的多样性能够充分满足大学生获取知识的不同偏好，有效地吸引其注意力，提升教育教学的趣味性和感染力。同时，新媒体打破了传统媒介的时空限制，海量的教育资源随时随地为大学生所用，极大拓宽了思想政治教育的时间与空间维度。更为重要的是，借助新媒体平台，一线思想政治教育者可以及时生成和分享优质教育资源，实现优质资源的共建共享。这既能提高教育教学效率，又有利于缩小校际、区域之间的教育资源差距。

新媒体视域为思想政治教育内容的优化提供了广阔空间。面对新时代大学生多元化、个性化的成长需求，思想政治教育必须与时俱进地更新教育理念、改进教育内容。数字化的新媒体资源恰恰为思想政治教育内容的优化提供了新的可能。例如，思想政治教师可以利用新媒体平台整合不同学科领域的知识资源，拓宽大学生的知识视野，引导其形成多维立体的认知结构；思想政治教师可以通过新媒体渠道了解大学生的思想动态和行为特点，有的放矢地选取教育素材，增强思想政治教育的针对性和实效性；依托新媒体技术，思想政治教师可以创设沉浸式、交互式的教学情境，引导大学生在体验中感悟和内化思想政治教育内容，真正实现知行合一。种种努力都将催生更加丰富多彩、富有生命力的思想政治教育内容，从而提升教育教学质量。

新媒体视域为思想政治教育资源的深度开发与利用提供了有力支撑。海量的新媒体数据为思想政治教育研究提供了前所未有的素材基础，有助于研究者洞察大学生成长规律，把握思想政治教育面临的现实需求，从而推动教育理念和方式的持续创新。借助新媒体平台，不同区域、不同高校的教育者可以加强交流与协作，分享经验、集思广益，从而推动思想政治教育资源的不断优化升级。与此同时，新媒体技术在思想政治教育资源的个性化应用与推送、精准评价与反馈等方面也大有可为。这些都将极大拓展思想政治教育资源的利用深度，推动教育理念和实践的创新。

（二）互动性

随着移动互联网和智能终端的普及，大学生获取信息的渠道日益多元化，传统课堂教学的吸引力和针对性不断下降。与此同时，新媒体所具有的交互性、即时性、开放性等特点，为思想政治教育教学模式的创新提供了广阔空间。思想政治教师应积极顺应这一趋势，充分利用新媒体平台优化教学方式，以达到提升教学质量、增强教学实效的目的。

在新媒体视域下，思想政治教师可以通过即时通信工具，与大学生进行课前与课后的交流互动。思想政治教师可以利用这些平台发布预习资料、课程通知等，引导大学生提前了解课程主题，激发其学习兴趣。大学生可以通过这些渠道，与思想政治教师分享自己的学习心得、提出困惑，从而实现师生之间的良性互动。这种即时、便捷的交流方式，有助于拉近师生距离，营造平等、融治的课堂氛围。此外，思想政治教师可以利用微课、慕课等在线教学平台，丰富思想政治课程的教学内容和形式。通过制作生动有趣的微视频，思想政治教师可以将枯燥抽象的理论知识转化为具体直观的案例，以提高教学内容的吸引力和感染力。同时，大学生也可以根据自己的学习进度，反复观看、学习微课视频，实现个性化、自主化的学习。在慕课平台上，思想政治教师可以组织大学生参与在线讨论、分组协作等互动活动，锻炼其表达沟通、团队合作等综合能力。

在新媒体视域下，思想政治教学的互动性还体现在教学内容与社会热点的实时连接上。思想政治教师可以利用新媒体平台及时捕捉大学生关注的社会焦点问题，并将其引入课堂教学，引导大学生运用科学的观点、方法分析问题，提高他们运用理论知识解决实际问题的能力。同时，思想政治教师可以鼓励大学生通过新媒体平台参与社会实践活动，在实践中深化对理论知识的理解，增强责任意识。

当然，在利用新媒体进行教学的过程中，思想政治教师也要注意引导大学生养成正确的媒介素养，提高其辨别信息真伪、抵御不良信息侵蚀的能力。只有在把握新媒体特点的基础上，合理利用新媒体优势，才能真正实现思想政治教育教学模式的创新，增强思想政治教育的针对性和实效性。

二、大学生参与的自主性与个性化

（一）大学生参与动机的差异化

社交媒体不仅为大学生提供了广阔的信息获取渠道，更成为思想政治教育者进行教育教学的重要阵地。社交媒体在大学生思想政治教育中的信息传播优势日益凸显，值得学者深入探讨。

从信息传播的广度来看，社交媒体打破了传统媒体的时空限制，实现了教育内容的全时空覆盖。通过多样化的社交平台，思想政治教育者可以随时随地向大学生传递正能量，引导其树立正确的世界观、人生观、价值观。与此同时，大学生也能够便捷地获取思想政治教育资源，拓宽知识视野，丰富精神世界。这种全时空、无障碍的信息传播方式，极大地增强了思想政治教育的针对性和实效性。

从信息传播的深度来看，社交媒体为思想政治教育内容的创新提供了广阔空间。传统的思想政治教育往往以理论灌输为主，难以调动大学生的学习兴趣。社交媒体则可以通过生动鲜活的案例、幽默风趣的文字、精美绝伦的图片等形式，将枯燥的理论知识转化为大学生易于接受和理解的具象内容。这种寓教于乐的传播方式不仅能够激发大学生的学习热情，还能引导其主动思考、积极践行，提升思想政治教育的吸引力和感染力。

从信息传播的互动性来看，社交媒体搭建了师生交流的便捷平台。在社交媒体上，思想政治教师可以及时了解大学生的思想动态，回应其关切和困惑；大学生也可以随时向思想政治教师请教，表达自己的观点和看法。这种平等、开放的互动交流，有助于拉近师生距离，增进彼此了解和信任，为思想政治教育的顺利开展奠定良好基础。同时，社交媒体还为学生之间的交流与讨论提供了场域，他们可以在这里分享见解、碰撞思想，在互动中加深对思想政治内容的理解和认同。

（二）大学生个性需求的多元化

随着高等教育的普及，大学生群体日益呈现多元化的特点。他们来自不同的地区、民族和家庭背景，具有不同的个性、兴趣爱好和价值取向。面对如此多样化的大学生群体，思想政治教育者必须充分尊重大学生的个性差异，关注其成长需求，这样才能真正发挥思想政治教育的引导作用。

大学生的个性需求主要体现在三个方面。一是学习和发展需求。大学生渴望获得专业知识和技能，培养创新精神和实践能力。他们希望通过学习实现自我价值，为未来的职业发展奠定基础。二是人际交往需求。大学生处于人生的重要转折期，需要融入群体，获得认同和归属感。他们渴望建立良好的同伴关系，在交流互动中提升沟通能力和社交技巧。三是情感和生活需求。大学生正处于人格塑造的关键时期，情感丰富且敏感。他们既渴望得到理解和支持，又希望获得独立自主的空间。满足大学生的生活需求，营造良好的学习生活环境，有利于促进其身心健康发展。

面对大学生多元的个性需求，思想政治教育必须坚持以人为本，实施差异化的教育策略。在教育内容上，要紧密结合大学生的专业特点和发展方向，有针对性地开展教育引导。通过挖掘专业领域中的思想政治元素，帮助大学生树立正确的职业理想和价值追求，引导其把个人发展与国家需要、社会进步结合起来。在教育形式上，要灵活运用多种载体和方法，增强教育的吸引力和感染力。通过开展特色鲜明、形式多样的主题活动，满足大学生的兴趣爱好，激发其参与热情。在师生关系上，要坚持平等交流、民主互动，构建亦师亦友的新型关系。思想政治教师要充分尊重大学生的主体地位，虚心听取他们的意见建议，真诚关心他们的成长难题，用真情和智慧化解他们的思想困惑。

此外，高校还应完善心理健康教育和咨询服务体系，为大学生的情感发展提供专业指导。通过开设心理健康课程、建立心理咨询室等方式，及时发现和疏导大学生的情绪困扰，帮助其正确认识自我、学会情绪管理、培养良好的心理品质。同时，要着力营造积极向上的校园文化氛围，丰富校园文化生活。通过组织形式多样的文体活动，为大学生搭建展示才华、陶冶情操的平台，引导其追求高雅的审美情趣、培养积极向上的生活态度。

（三）大学生自主学习的便利性

过去，大学生的学习主要局限于课堂和图书馆，获取知识的渠道相对单一。如今，借助新媒体技术，大学生可以突破时空限制，随时随地进行自主学习。海量的在线学习资源（如慕课、知识付费平台、学术数据库等）为大学生提供了丰富多元的学习内容。大学生可以根据自身兴趣和需求，自主选择感兴趣的课程和资料，实现个性化学习。同时，新媒体还为大学生构建了交互式的学习环境。大学生不再是被动地接受知识，而是通过在线讨论、合作学习等方式，与思想政治教师、其他同学积极互动、共同探讨问题，这极大地提高了大学生的主动性和参与度。

新媒体为大学生的自主学习提供了强大的技术支持。人工智能、大数据等新兴技术的应用，使得学习过程更加智能化和精准化。例如，智能学习系统可以根据大学生的学习行为和效果，实时生成个性化的学习方式和资源推送，提供量身定制的学习方案；学习分析技术则可以帮助大学生实时监测和评估自己的学习过程，及时发现问题并加以改进。这些技术手段可以增强大学生自主学习的针对性和有效性。

新媒体视域下，大学生自主学习的方式也更加多样化。大学生可以利用碎片化时间，通过移动学习应用程序、微课程等形式，灵活安排学习进度。同时，学习的载体也更加丰富，大学生可以通过文字、图像、音视频等媒体形式获取知识，满足不同学习风格的需求。这种开放、灵活多样的学习模式，充分尊重了大学生的个体差异，激发了其学习兴趣和动力。

当然，新媒体视域下的自主学习也对大学生提出了更高要求。面对海量信息，大学生需要具备较强的信息素养，能够甄别、筛选可靠的学习资源。同时，自主学习需要大学生具有良好的自我管理能力，合理规划时间，保持学习动力。这就要求学校和思想政治教师加强引导，帮助大学生掌握自主学习的方法和策略，提高学习效率。

三、教育形式的灵活性与创新性

（一）教学方法多元化

新媒体时代的到来，为大学生思想政治教育工作提供了更加多元化的教学方式。传统的思想政治课堂教学模式已经难以满足新时代大学生的需求，思想政治教师必须积极探索创新的教学方法，以提升教学质量和育人效果。

在新媒体视域下，思想政治教育的教学方法呈现多元化的特点。得益于信息技术的迅猛发展，思想政治教师可以利用网络课程、慕课、微课等形式，打破时空限制，为大学生提供更加丰富、灵活的学习资源。大学生不再局限于课堂听讲，而是可以根据自己的学习节奏和兴趣爱好，自主选择学习内容和方式。这种教学模式既能满足大学生个性化发展的需求，也有利于调动他们学习的主动性和积极性。

新媒体为思想政治教育提供了更加生动、直观的教学手段。思想政治教师可以利用多媒体课件、动画、视频等形式，将抽象的理论知识转化为具体、形象的呈现方式，帮助大学生加深理解和记忆。例如，当分析社会热点问题时，思想政治教师可以引用新闻报道、网络评论等材料，引导大学生关注现实，学以致用。

新媒体还为思想政治教育提供了更加广阔的实践平台。思想政治教师可以组织大学生利用新媒体工具，开展社会调查、主题讨论、志愿服务等实践活动。在实践中，大学生不仅能够深化对理论知识的理解，还能锻炼自己的组织协调、语言表达、团队合作等能力。这种实践育人的方式有利于促进大学生全面发展，提升其综合素质。

思想政治教师在运用新媒体时也要讲究方式方法。一方面，思想政治教师要合理选择和使用新媒体资源，确保其内容具有思想性、针对性和吸引力。另一方面，思想政治教师要加强对大学生新媒体应用的引导，提高其媒介素养，帮助其树立正确的世界观、人生观和价值观。

（二）教学风格个性化

随着信息技术的日新月异，当代大学生渴望在思想政治课堂上感受思想政治教师的个人魅力，体验新颖的教学方式。因此，高校思想政治教师必须与时俱进，努力塑造个性化的教学风格，吸引大学生的注意力，提升教学实效。

塑造个性化教学风格，要凸显思想政治教师的人格魅力。优秀的思想政治教师不仅学识渊博，而且具有鲜明的个性，如幽默风趣、亲和力强、思维敏捷等。他们善于将自身的人格魅力融入教学过程，通过言传身教感染学生，成为学生心中值得信赖和尊敬的师者。

个性化教学风格要体现在教学方法的创新上。面对新一代大学生，思想政治教师要敢于突破传统教学模式的束缚，积极尝试新颖的教学方法。例如，采用情景模拟、角色扮演等参与式教学，引导大学生代入特定情境，在体验中感悟思想政治理论的意义；又如，运用新媒体技术，通过微课、慕课等方式拓宽教学时空，增强教学的吸引力和感染力。目前，越来越多的高校思想政治教师勇于在教学方法上另辟蹊径，以新颖的方式吸引大学生的注意力。

个性化教学风格要求思想政治教师因材施教，针对大学生的个性提供差异化的指导。大学生思想活跃、个性鲜明，对于思想政治教育的需求也呈现多样化特点。因此，思想政治教师要充分尊重大学生的个体差异，有的放矢地开展教育教学。例如，针对理工科学生，可侧重强调思想政治理论的逻辑性和科学性，引导其树立正确的世界观，坚持正确的方法论；而对于人文社科学生，可着力挖掘思想政治教育的人文内涵，引导其树立崇高的理想信念。只有做到因材施教、循循善诱，才能使思想政治教育入脑入心，实现润物无声的育人效果。

此外，个性化教学风格的塑造还需要思想政治教师与大学生之间构建平等互动的师生关系。在新媒体时代，师生交流日益便捷，思想政治教师要主动走近大学生，与之建立平等、民主、互信的关系。通过线上线下的多元互动，思想政治教师可以更好地了解大学生的思想动态和行为特点，从而有针对性地开展思想引导。例如，思想政治教师可以通过即时通信工具与大学生交流，及时回应他们的疑惑；又如，可以组织师生共同参与社团活动，拉近彼此距离，增进师生的情感互动。唯有如此，个性化的教学才能得以实现。

第三章 新媒体视域下的大学生思想政治教育体系构建

第一节 思想政治课程建设

一、新媒体视域下大学生思想政治课程设计的基本原则

(一)目标导向原则

目标导向原则要求思想政治教师在思想政治课程设计中始终坚持马克思主义指导地位,用习近平新时代中国特色社会主义思想铸魂育人,引导大学生坚定理想信念,厚植爱国主义情怀,培育高尚品德,锻造过硬作风。在课程设计中坚持目标导向原则需要把握以下几点。

第一,要深入分析大学生思想行为特点和接受习惯,针对性地设计教学内容。现代大学生正处在世界观、人生观、价值观形成和确立的关键时期,虽然思想活跃、兴趣广泛,但是存在一些模糊认识和片面理解。因此,思想政治课程内容要贴近大学生思想实际,回应大学生关注的现实问题,引导他们运用马克思主义立场观点方法分析和解决问题。

第二,要科学把握思想政治课的育人功能和目标定位,系统设计教学目标。思想政治课不同于一般知识技能课程,它的根本任务是立德树人,着力引导大学生树立正确的世界观、人生观、价值观。因此,在设计教学目标时,思想政治教师要高度重视对大学生理想信念、爱国主义情怀、道德品质、法治意识、文化素养等的塑造和培育,使其内化为大学生的精神追求和自觉行动。

第三,要遵循思想政治工作规律,创新方式方法,提高针对性和实效性。思想政治教育是一项极其复杂的系统工程,需要遵循思想政治工作规律,坚持理论与实践相结合,坚持循循善诱、因材施教,坚持显性教育和隐性教育相统一。要善于运用大学生喜闻乐见的话语体系和表达方式,善于运用信息化手段开展教学,通过参与式、互动式、体验式等教学方法增强思想政治课的吸引力和感染力。要丰富拓展第二课堂,把思想政治小课堂同社会大课堂结合起来,

引导大学生在实践中受教育、长才干、作贡献。

第四，要加强师资队伍建设，提升思想政治教师的教育教学能力。思想政治教师是思想政治课教学的关键因素，要遴选情怀深、思维新、视野广、自律严、人格正的优秀思想政治教师担任教学任务。同时，要加大思想政治教师培养培训力度，通过集中轮训、跟岗研修等方式提升思想政治教师的理论素养和教学水平，使其学术上有深度、理论上有高度。

（二）互动参与原则

在信息技术迅猛发展的当下，传统的教学模式已经难以适应当代大学生的学习需求和认知特点。因此，思想政治教师必须转变教学理念，充分尊重大学生的主体地位，激发其参与热情，营造良性的师生互动和生生互动氛围，从而实现思想政治教育的预期目标。互动参与原则要求思想政治教师在课程设计中注重以下四个方面。

1. 思想政治教师应精心设计教学情境

思想政治教师可以通过开展头脑风暴、小组讨论、角色扮演等多元互动活动，鼓励学生畅所欲言，引导其在交流碰撞中加深对知识的理解和认同。例如，在讲授社会主义核心价值观时，思想政治教师可以组织学生开展辩论赛，就"个人价值与社会价值的关系"等话题进行讨论，让学生在辩论中感悟价值观的内涵和意义。

2. 思想政治教师应注重发挥新媒体技术优势

借助社交平台，思想政治教师可以对学生进行课前预习指导、课后答疑解惑，及时解决学生的困惑和问题。同时，思想政治教师可以建立网上学习共同体，引导学生在虚拟空间中开展协作探究和经验分享，增进彼此间的交流与互信。例如，思想政治教师可以在"学习通"平台上开设专题讨论区，定期发布与课程内容相关的时事热点，组织学生开展头脑风暴，撰写心得体会，在互动中加深对理论知识的把握和运用。

3. 思想政治教师应合理设置教学任务

思想政治教师可以根据教学需要，适当布置一些实践性、开放性的任务，引导学生走出课堂、深入社会，在与他人的互动交往中感悟思想政治道理。例如，思想政治教师可以要求学生走访革命圣地、慰问孤寡老人，并撰写调研报告或体验日记，用生动的故事和鲜活的语言表达思想感悟，让学生在与他人的真情互动中坚定理想信念。

4. 思想政治教师应注重过程性评价

教学评价不应局限于期末考试，而应贯穿教学全过程，关注学生在互动讨论、实践活动中的表现，及时给予肯定和鼓励，帮助其获得自信和成就感。同时，学生互评、自评等多元评价方式的运用，有助于学生在反思中加深对知识的理解和内化，增强其参与互动的主动性。

（三）资源整合原则

在信息技术飞速发展的时代背景下，思想政治课程建设必须立足于丰富多样的教育资源，通过系统梳理和创新整合，构建内容丰富、形式多样、渠道畅通的课程资源体系，以满足新时代大学生的学习需求和成长需要。

从内容维度来看，新媒体时代的思想政治课程资源不再局限于传统的教材、讲义等，而是涵盖了文本、图片、音频、视频、动画等多种媒体形态的资源。这些资料来源广泛，既包括权威性的理论著作，也包括鲜活生动的时事热点。思想政治教师要善于从纷繁芜杂的信息资源中发现亮点，选择能够引起大学生共鸣、催人深思的优质内容，将其融入课程教学之中。同时，思想政治教师要引导大学生利用新媒体平台主动获取和分享资源，在互动交流中加深对知识的理解和认同。在资源整合过程中，思想政治教师要注重不同类型资源的系统化和条理化，使其能够相互印证、有机融合，最终形成完整、系统的知识体系。

从形式维度来看，新媒体时代为思想政治课程资源的呈现提供了多种可能。微课、慕课、直播课堂等在线教学形式打破了时空限制，极大地拓宽了思想政治教育的时空边界。思想政治教师可以充分利用这些形式，创设沉浸式、互动式的学习体验，提升教学的吸引力和感染力。此外，虚拟仿真、增强现实等技术的应用，能够将抽象的理论知识转化为直观、立体的情景体验，加深大学生的理解和认知。思想政治教师要紧跟信息技术发展的步伐，不断更新教学手段，探索资源呈现的创新方法。在整合资源形式时，要注重线上线下相结合、课内课外相融合，为大学生营造沉浸式、全方位的学习环境。

从渠道维度来看，新媒体的发展极大地拓宽了思想政治课程资源传播的渠道。新媒体社交平台已成为大学生获取信息、表达观点的重要阵地。思想政治教师要主动占领新媒体阵地，利用官方账号等方式精准推送优质资源，引导大学生在碎片化的信息中甄别真伪、明辨是非。此外，思想政治教师还可以依托学校的数字化教学平台，建设思想政治课程资源库，实现优质资源的共建共享。通过资源的集中化管理和个性化推送，满足大学生的差异化需求，提高资源利用的针对性和时效性。在资源传播过程中，要重视平台的安全性和可控性，加强价值引领和舆论监督，确保资源内容的正确性和导向性。

二、新媒体视域下大学生思想政治课程内容的整合

（一）课程内容的选择与组织

在新媒体时代，思想政治课程内容需要紧跟时代步伐，与大学生的认知特点和实际需求相适应，这样才能真正发挥育人功能。

思想政治课程内容的选择应深入挖掘其中蕴含的思想观点、价值理念和方法论，并将其与现代中国实践和大学生成长发展实际相结合。一方面，要重点选取体现社会主义核心价值观、中华优秀传统文化和社会主义先进文化的内容，帮助大学生树立正确的世界观、人生观、价值观。另一方面，要积极回应大学生在学习生活中遇到的实际问题和思想困惑，选取富有针对性和时代感的热点话题，引导大学生理性看待社会现实。

在内容组织上，思想政治课程应遵循教育教学规律和大学生认知发展特点，突出课程的系统性、逻辑性和层次性。首先，要从整体上把握思想政治课程的知识体系，明确核心概念、基本原理之间的内在联系，帮助大学生构建完整、系统的马克思主义理论框架。其次，要合理安排教学内容的顺序和节奏，既要遵循从简单到复杂、从抽象到具体的认知规律，又要注重不同教学模块之间的衔接和过渡，形成环环相扣、递进式的教学逻辑。最后，要充分考虑不同年级、不同专业大学生的特点，有针对性地设计教学内容，实现由浅入深、循序渐进的教学层次。

此外，思想政治课程内容的选择与组织还应体现开放性和互动性的特点。一方面，要主动吸收和借鉴社会科学等各学科的最新研究成果，不断更新和充实教学内容。同时，要善于利用新媒体新技术手段，创新教学内容的呈现方式，提高课程的吸引力和感染力。另一方面，要鼓励师生在教学过程中平等交流、积极互动，让大学生参与教学内容的选择和组织，培养他们主动学习、独立思考的意识和能力。

（二）课程内容的时代性与针对性

新媒体时代下，大学生思想政治课程内容的设置应紧跟时代发展步伐，把握时代脉搏，关注大学生的现实需求。只有与时俱进地更新课程内容，增强其时代性与针对性，才能真正引起大学生的情感共鸣，提升思想政治课的育人实效。

时代性要求思想政治课内容要立足当下，反映时代特征。当前，我国正处于全面建设社会主义现代化国家、实现中华民族伟大复兴的关键时期。面对复杂多变的国内外形势，思想政治课必须聚焦重大理论和现实问题，用马克思主义中国化最新成果引导大学生准确认识世情国情，厚植爱国主义情怀，坚定理想信念。

针对性要求思想政治课内容要契合大学生特点，满足其成长需求。思想政治课内容要选取大学生喜闻乐见的话题，使用通俗易懂的语言，多举身边事例，这样才能拉近与大学生的心理距离。还要善于利用新媒体技术，创新教学方式方法，增强课堂互动，调动大学生的主动性。

在设计思想政治课内容时，思想政治教师要坚持马克思主义的指导地位，把握正确的政治方向和舆论导向。同时，要注重挖掘中华优秀传统文化中蕴含的思想政治教育资源，引导大学生继承和发扬社会主义先进文化。此外，思想政治课内容还应具有开放性和前瞻性，既要吸收优秀成果，又要主动应对新情况、新问题，引领学生关注国家前途、人民福祉。

（三）课程内容的系统性与科学性

随着新媒体技术的迅速发展，大学生获取信息的渠道日益多元化，思想观念也愈加多样化。面对这些变化，思想政治课必须与时俱进，在内容选择和组织上体现出系统性和科学性，这样才能有效引导大学生树立正确的世界观、人生观、价值观。

课程内容的系统性要求思想政治课能够全面涵盖马克思主义基本原理、中国特色社会主义理论体系等重要内容，形成内在统一、逻辑严密的知识框架。因此，思想政治教师在备课时要深入研究教材，厘清各章节、各知识点之间的逻辑关系，构建科学合理的教学内容体系。同时，思想政治教师应引导大学生主动思考，鼓励其探索不同理论之间的内在联系，帮助其形成系统化的理论思维能力。只有建立起完整、系统的马克思主义理论知识体系，大学生才能真正领会其精髓要义，进而坚定理想信念。

课程内容的科学性要求思想政治课紧跟时代步伐，及时吸收思想政治课最新理论创新成果，并将其转化为教学内容。在当前历史条件下，深入学习领会习近平新时代中国特色社会主义思想，是大学生思想政治教育的首要任务。思想政治教师应充分运用新媒体技术手段，通过微课、慕课等方式生动呈现这一重要思想的丰富内涵和实践要求，引导大学生将之内化于心、外化于行。同时，面对纷繁多样的社会现象，思想政治教师应引导大学生运用辩证唯物主义和历史唯物主义方法论分析问题，培养其理性思辨能力，提升其明辨是非的能力。

此外，课程内容的科学性还体现在对前沿性、交叉性知识的广泛吸纳上。在新媒体时代，思想政治教育应积极借鉴社会学、传播学等相关学科的最新研究成果，拓宽理论视野，丰富教学内容。例如，将网络社会心理、新媒体伦理等前沿课题纳入教学，引导大学生思考在信息时代如何塑造健康的网络人格、培养高尚的道德情操。

三、新媒体视域下大学生思想政治课程教学方法

（一）在教学方法中融入新媒体技术

新媒体技术为思想政治课教学提供了丰富的实践平台。在信息化时代，思想政治课不能仅局限于理论知识的传授，更应注重培养大学生运用所学知识分析和解决实际问题的能力。利用新媒体平台，思想政治教师可以为大学生搭建多样化的实践场景，引导其开展探究性、体验式学习。例如，思想政治教师可以组织大学生利用新媒体工具开展社会热点问题调研，引导其运用马克思主义立场、观点、方法分析社会现象，提出自己的见解。在大学生思想政治课程中，合理运用新媒体技术，创新教学方法，有助于提升教学质量、增强教学吸引力、培养学生的核心素养。

微课是以视频为主要载体，围绕某个知识点或教学环节而设计的精短且完整的在线教学单元。与传统的课堂讲授相比，微课更加灵活、生动，能够充分利用多媒体资源，将抽象的理论知识形象化、具体化。例如，在讲授社会主义核心价值观时，思想政治教师可以制作一系列微课视频，通过生动的案例、鲜活的画面、精美的动画等形式，深入浅出地阐释价值观的内涵和意义。这种直

观、易懂的呈现方式，不仅能够激发大学生的学习兴趣，还能帮助他们加深对知识点的理解和记忆。

慕课是大规模开放式在线课程的简称，它集合了名师讲授、视频教学、在线测试、交互讨论等多种教学元素，为学生提供了一种自主、开放、灵活的学习方式。在思想政治课教学中，思想政治教师可以充分利用慕课平台的优质教学资源，引导大学生开展线上学习。例如，在学习中国特色社会主义理论体系时，思想政治教师可以选取相关慕课作为辅助教材，鼓励大学生利用碎片化时间进行自主学习。通过观看名师讲座、参与在线讨论、完成互动练习等方式，大学生不仅能够更加全面、深入地掌握课程内容，还可以提升自主学习能力。

（二）互动式与启发式教学方法

在信息技术迅猛发展的时代背景下，思想政治教师必须与时俱进，积极探索富有吸引力和感染力的教学方式，引导学生主动参与、乐于思考，真正实现教学相长。

互动式教学强调师生之间、生生之间的平等对话和交流互动。在教学过程中，思想政治教师是学生学习的引导者、促进者和合作者。通过提问、讨论、辩论等方式，思想政治教师引导学生表达自己的观点，聆听不同声音，在碰撞交流中加深对理论知识的理解，提升分析问题、解决问题的能力。同时，学生通过与他人的互动交流，能够开阔视野、培养包容心和团队精神，为其全面发展奠定基础。

启发式教学注重激发学生的好奇心和探究欲，培养其独立思考、勇于创新的能力。在教学中，思想政治教师通过设置疑问情境，引导学生自主探索、主动构建知识体系。思想政治教师通过设计富有挑战性的任务，鼓励学生运用所学知识分析现实问题，提出独到见解，从而启发学生养成理性思维、慎思明辨的习惯。在这个过程中，学生的创新意识和能力得到培养，为其未来面对复杂多变的社会环境奠定基础。

互动式与启发式教学相辅相成、互为补充。互动交流为启发思考创造了条件，而启发思考又能深化互动交流的内涵。两种教学方法的融合应用，既能满足现代大学生的学习需求，调动其参与热情，又有助于促进其自主学习能力、批判性思维能力、创新实践能力等综合素质的提升。

互动式与启发式教学对思想政治教师的素质和能力提出了更高要求。思想政治教师要成为博学、善问、乐思的引导者，需要具备深厚的学术功底、广博的知识视野，熟练掌握启发诱导的教学艺术。同时，思想政治教师应成为学生心灵成长的指引者，以高尚的道德情操和人格魅力感染他们，引导他们形成正确的世界观、人生观、价值观。

此外，高校还应完善教学设施，为互动式与启发式教学创造良好的环境。建设智慧教室，开发在线教学平台，丰富教学资源，为师生互动、启发思考提供多样化的渠道。同时，学校应转变教育理念，树立以学生发展为本的教学观，形成"教"与"学"的良性互动，构建平等、民主、和谐的师生关系。

四、新媒体视域下大学生思想政治课程教材的开发与利用

（一）教材形式的创新设计

传统教材以纸质为主要载体，内容相对固定，更新周期较长，已不能完全满足信息时代大学生的学习需求。因此，大学生思想政治课程亟须探索教材形式的创新，以提升教学的针对性和实效性。

多媒体技术的广泛应用为教材形式的创新提供了技术支撑。通过将文字、图像、音频、视频等多种媒体形式有机融合，可以创设生动形象、直观立体的学习情境，激发学生的学习兴趣，提高教学的直观性和吸引力。例如，在介绍中华优秀传统文化时，可以穿插古典音乐、戏曲片段，以营造意境，引导学生感悟传统文化的魅力。多媒体教材打破了传统教材的时空局限，为学生提供了多感官、多维度的学习体验。

网络技术的飞速发展为教材形式的创新开辟了广阔空间。基于网络平台，教材内容可以实现实时更新和动态呈现。网络教材可以根据形势任务的变化、理论创新的进展随时调整充实内容，做到与时俱进。同时，网络教材能提供丰富的拓展资源，如专题网站、在线课程、学习 App 等，为学生的自主学习和深度探究提供支持。学生可以根据自己的学习需求和认知特点，灵活选择学习资源，实现个性化、差异化的学习。网络教材打破了传统教材的封闭性，构建起开放、共享、互动的学习生态。

移动技术的普及应用为教材形式的创新注入了新的活力。随着智能手机、平板电脑等移动终端的广泛普及，移动学习已成为现代大学生的主要学习方式。因此，加强移动教材的开发与应用，有助于拓宽大学生思想政治教育的时空边界，提高教育教学的覆盖面和影响力。移动教材依托移动应用程序，将思想政

治教育内容进行碎片化、场景化呈现，便于大学生利用碎片化时间随时随地开展学习。例如，可以开发融知识性、趣味性、互动性于一体的思想政治类微课程、微视频，供大学生在日常生活、社会实践中灵活使用。移动教材突破了传统教材的形式局限，让学习融入生活情境、渗透行为实践，从而提升了思想政治教育的吸引力和感染力。

教材形式的创新要立足教育教学规律，遵循思想政治教育的特点，切实提高教材的育人功能。在进行形式创新的同时，要注重挖掘思想政治教育内容的时代价值，用马克思主义立场观点方法引领教材建设，用社会主义核心价值观涵养教材灵魂，不断增强教材的思想性、理论性和亲和力。

（二）教材资源的整合利用

在新媒体时代，大学生思想政治教育面临着新的机遇和挑战，如何整合利用各种教材资源，提升教学效果，已成为亟待解决的重要课题。

首先，思想政治教师要树立开放包容的教材观，打破学科壁垒，广泛吸收各类优质资源。除了专门编写的思想政治教材，与课程内容相关的文学作品、历史典籍、新闻报道、网络资源等，都可以成为生动鲜活的教学素材。通过将这些资源有机整合到教材体系中，思想政治教师能够拓宽学生视野，丰富课堂内容，增强教学的吸引力和感染力。

其次，思想政治教师要注重发挥学生的主体性，促进教材资源的生成性利用。思想政治教师可以引导学生参与教材建设，通过课堂讨论、社会实践、研究性学习等方式，收集整理相关资料，提出自己的见解，最终形成学习成果。这些由学生创造的内容同样可以成为宝贵的教材资源。学生通过参与教材资源的生成过程，能够增强学习的参与感和获得感，提升分析问题、解决问题的综合能力。

最后，思想政治教师应加强教材资源的校际共享，促进优质资源的辐射带动作用。利用网络平台，思想政治教师可以与其他院校开展教材资源的交流互鉴，学习借鉴彼此的建设经验，共享优秀成果。通过校际合作共建思想政治教材资源库，形成资源集聚、优势互补、互利共赢的生动局面。

新媒体视域下，大学生思想政治教育教材的整合利用关键在于转变教材观念，创新呈现方式，注重学生主体性，加强资源共享。只有从思想、手段、过程、机制等方面入手，与时俱进地推进教材建设，才能充分发挥教材的育人功能，不断提升大学生思想政治教育的针对性和实效性。

第二节　思想政治教育师资队伍建设

一、新媒体视域下大学生思想政治教师的角色重塑

（一）思想政治教师角色定位转变

面对纷繁复杂的网络环境，传统的思想政治教师角色定位已难以适应新形势下大学生的学习和生活方式。思想政治教师必须主动转变角色定位，创新工作方法，这样才能增强思想政治教育的针对性和实效性。

在新媒体环境下，思想政治教师不应只局限于单纯的知识传授者和管理者角色，而应成为大学生健康成长的引路人。这就要求思想政治教师主动学习和运用新媒体技术，利用网络平台加强与大学生的沟通交流，构建平等、互信的师生关系。思想政治教师要以开放包容的姿态走进大学生的精神世界，理解他们的思想动态和行为方式，用真诚、平等的态度引导他们成长。

在角色转变过程中，思想政治教师要注重树立"思想政治教育者"的形象。传统的说教式、灌输式教育方式容易引起大学生的反感和抵触，而平等交流、耐心疏导更有利于教育内容的内化。思想政治教师要学会聆听和尊重大学生的想法，通过心理沟通、价值引领等方式，引导大学生自我教育、自我管理、自我服务。

此外，思想政治教师还应成为大学生信息素养提升的"助推者"。在信息爆炸的时代，甄别信息的真伪、筛选有价值的信息，已经成为大学生必须掌握的关键能力。思想政治教师要主动介入大学生的网络生活，引导其树立正确的网络观，提高辨别和抵御有害信息的能力。同时，思想政治教师要引导大学生创造和传播积极向上的网络文化，用社会主义核心价值观引领网络空间建设。

角色转变的关键在于思想政治教师自身素质的提升。思想政治教师要主动学习马克思主义理论，用辩证唯物主义和历史唯物主义武装头脑，提高运用科学理论分析和解决实际问题的能力。同时，思想政治教师要学习现代信息技术，掌握新媒体传播规律，增强利用新媒体开展思想政治教育的能力。只有不断提升自身的理论素养、媒介素养和亲和力，思想政治教师才能赢得大学生的信任和尊重，实现角色的成功转型。

（二）师生互动模式重构

面对新时代大学生群体的特点和需求，传统的师生互动模式已难以适应信息化时代的教学要求。思想政治教师必须主动转变教学理念，创新教学方式，重构师生关系，这样才能有效提升教学质量，促进大学生全面发展。

1. 思想政治教师应树立以大学生为中心的教学理念

在教学过程中，思想政治教师要充分尊重大学生的主体地位，关注大学生的个性特点和差异化需求，因材施教，激发他们的学习兴趣和内在动力。例如，思想政治教师可以采用启发式教学，通过提问、讨论等方式引导大学生主动思考，鼓励大学生表达自己的观点和看法。同时，思想政治教师可以针对大学生的兴趣爱好，设计个性化的学习任务，满足他们的好奇心和求知欲。

2. 思想政治教师要积极运用信息技术手段

当前，移动互联网、大数据、人工智能等新兴技术日新月异，为教学的创新发展提供了广阔空间。思想政治教师要主动学习新技术，将其融入教学全过程。例如，思想政治教师可以利用网络平台搭建在线学习社区，开展师生、生生互动交流；利用虚拟现实、增强现实等技术，创设沉浸式、交互式的学习情境；利用智能学习系统，实现教学过程的精准分析和个性化推送。这些创新的互动方式，不仅能够拓展师生交流的时空维度，还能提供更加丰富、立体、生动的学习体验。

3. 思想政治教师要重塑师生关系

在新媒体时代，知识获取渠道多元化，大学生的自主性和参与度显著提高，单向灌输式的师生关系已不合时宜。思想政治教师要主动走下讲台、走近学生，通过亦师亦友的方式，与大学生建立平等、互信的伙伴关系。在教学中，思想政治教师要虚心聆听大学生的心声，尊重大学生的意见和建议，通过平等对话、合作探究，共同构建知识体系。

4. 思想政治教师要注重师生互动中的情感交流和价值引领

教育的本质在于促进人的全面发展，而情感态度与价值观念是人全面发展的重要内容。因此，在师生互动过程中，思想政治教师不仅要关注知识的传授，更要注重情感的交流和价值观的塑造。例如，思想政治教师既可以用自己的人格魅力感染大学生，传递积极向上的价值观；也可以通过生动鲜活的案例，引导大学生树立正确的世界观、人生观、价值观。这种基于情感交流和价值引领的师生互动，利于形成良好的教学生态，为大学生的健康成长提供精神滋养。

二、新媒体视域下大学生思想政治教师的专业素养提升

（一）新媒体素养提升

作为思想政治教育者，思想政治教师只有与时俱进地提升自身的新媒体素养，才能更好地引导大学生健康成长。新媒体素养是一个涵盖面广、内涵丰富的概念，它不仅包括对新媒体技术的掌握和运用，更强调在新媒体环境下对信息的甄别、评估和创造能力。

从知识和技能层面来看，提升思想政治教师新媒体素养的首要任务是全面了解新媒体的特点、功能和传播规律。思想政治教师要主动学习和掌握各类新媒体平台的使用方法，深入研究其传播特点和受众心理。同时，思想政治教师要掌握新媒体环境下信息收集、加工、呈现的技巧，学会运用图片、音频、视频等多媒体手段制作生动的教学资源。

从理念和意识层面来看，提升思想政治教师新媒体素养的关键是树立与时俱进的教育理念。面对新媒体带来的变化，思想政治教师要主动转变传统的教育观念，树立开放包容、互联互通的新媒体思维；要充分认识新媒体教学环境下育人形态的转变，突破师生单向传递知识的桎梏，注重利用新媒体构建平等互动的师生关系。同时，思想政治教师要提高对新媒体信息的辨别意识，对网络舆情保持敏锐嗅觉，引导学生树立正确的网络价值取向。

从能力和素质层面来看，提升思想政治教师新媒体素养的重点是锻造新媒体环境下的教学能力。思想政治教师要善于利用新媒体平台开展思想政治教学，将鲜活的时事热点、青年话题融入课堂，增强教学的时代感和吸引力。思想政治教师要积极运用互联网思维优化教学设计，善用新媒体打造沉浸式、互动式的学习体验，调动学生参与的积极性。此外，思想政治教师还应提高在新媒体语境下的表达能力，熟练运用网络语言、表情包与学生进行心与心的沟通，拉近与学生的情感距离。

（二）教学能力提升

1. 思想政治教师要树立以学生为中心的教学思想

在新媒体环境下，知识获取的渠道日益多元化，思想政治教师已不再是知识的唯一来源。因此，思想政治教师应从"知识的传授者"转变为"学习的引导者"，注重激发学生的学习兴趣，引导其主动探究和构建知识体系。思想政治教师要充分尊重学生的个体差异，根据其认知特点和学习需求设计教学内容和教学活动，让每名学生都能找到适合自己的学习方式。

2. 思想政治教师要将新媒体技术创新性地运用到教学实践中

新媒体技术为教学提供了丰富多样的资源和手段，思想政治教师应主动学习和掌握这些技术，用于辅助和优化教学。例如，思想政治教师可以利用多媒体课件、在线教学平台等，为学生提供生动直观的学习体验；利用社交媒体、即时通信工具等，与学生进行课下互动和交流，及时解答疑问，给予个性化指导。同时，思想政治教师应引导学生合理利用新媒体，提高其信息素养和自主学习能力。

3. 思想政治教师要不断更新和拓展专业知识

在知识日新月异的今天，思想政治教师必须保持终身学习的态度，紧跟学科前沿动态，深入理解学科核心素养，优化知识结构。只有具备扎实的学科功底和宽广的知识视野，思想政治教师才能游刃有余地开展教学，用发展的眼光引领学生成长。同时，思想政治教师应重视教学反思，勇于探索教学规律，形成个性化的教学风格，不断提升自身学科教学水平。

4. 思想政治教师要加强与同行的交流与合作

通过参与教学研讨、课例分析、经验分享等活动，思想政治教师能够开阔教学视野，吸收借鉴优秀的教学经验和方法，找到适合自身和学生的教学策略。思想政治教师之间的协作互助还能形成教学合力，共同推进教学的创新，不断提升教学效果。

（三）沟通能力提升

沟通能力不仅包括语言表达、倾听理解等基本技能，还包括情感交流、价值引领等深层内涵。思想政治教师只有具备良好的沟通能力，才能准确把握学生的思想动态，及时回应他们的现实困惑；才能运用鲜活生动的语言，将枯燥乏味的理论知识转化为学生喜闻乐见的话语体系；才能在平等交流中赢得学生的信任和尊重，真正发挥教书育人的作用。

新媒体时代对思想政治教师的沟通能力提出了新的挑战和更高的要求。面对海量的信息和纷繁复杂的网络言论，思想政治教师必须学会甄别、解读、引导，并帮助学生澄清错误认识，坚定理想信念。同时，思想政治教师要主动参与网络互动，运用学生喜爱的表达方式，传播主流价值，营造清朗网络生态。因此，思想政治教师要不断提升网络素养，掌握新媒体技术，增强网络沟通的针对性和有效性。

提升沟通能力，需要思想政治教师在多个方面下功夫。首先，思想政治教师要加强理论学习，深入领会马克思主义基本原理，掌握蕴含其中的世界观、人生观、价值观，并用以指导教育实践，解答学生疑惑。其次，思想政治教师要关注社会热点，了解学生所思所想，讲究说理方式，增强针对性。再次，思想政治教师要创新话语体系，将思想政治内容与学生经验相结合，用贴近实际、贴近生活、贴近学生的语言表达出来，增强亲和力及吸引力。最后，思想政治教师要加强情感交流，学会换位思考，多聆听、多理解，把"说教"变为"对话"，把"灌输"变为"疏导"，在潜移默化中完成价值引领。

三、新媒体视域下大学生思想政治教师的培训

（一）培训内容的优化与创新

面对信息技术的飞速发展和大学生思想行为的新变化，传统的培训模式和内容已难以完全满足思想政治教师专业发展的需求。因此，优化培训内容，创新培训方式，已成为思想政治教育者的普遍共识和努力方向。

1. 系统构建培训内容体系

培训内容应全面涵盖思想政治教育的理论基础、实践方法、技术应用等方面，形成科学完整的知识架构。思想政治教师只有具备扎实的理论功底、了解前沿的研究动态、熟练运用先进的教学手段，才能在日益复杂的网络环境中开展行之有效的思想政治教育。因此，高校应深入分析思想政治教师的知识结构

和能力短板，有的放矢地设置培训内容，使其能够切实解决教学实践中遇到的困惑及问题。

2. 聚焦思想政治教育与新媒体技术的融合

随着智能手机、社交媒体等新兴载体的普及，大学生的学习生活方式发生了深刻变化。思想政治教师必须主动适应这一变化，学会运用新媒体开展教育引导。因此，培训内容应加大新媒体素养和技能的比重，重点关注如何利用网络平台建立与大学生的互动交流、如何甄别和引导网络舆情、如何创作和传播富有吸引力的思想政治教育内容等。

3. 增强培训的互动性、体验性

培训应强调思想政治教师的主体地位，创设开放多元的平台，鼓励思想政治教师交流分享。例如，可以组织教学案例分析、情景模拟训练、现场观摩等，引导思想政治教师在体验式学习中提升教学技能；可以搭建网上研修社区，开设在线课程和研讨会，拓宽思想政治教师学习的时空范围。只有不断创新培训形式、优化培训体验，才能最大限度地激发思想政治教师的参与热情。

4. 注重培训的针对性、差异性

不同年龄、专业背景的思想政治教师，其知识基础和学习需求存在较大差异。因此，培训应根据思想政治教师的特点和需求，有针对性地设置培训内容和方式。例如，对于青年思想政治教师，可侧重加强思想政治教育的理论基础和教学方法训练；对于中年思想政治教师，可重点提升其新媒体应用能力和教学创新意识；对于资深思想政治教师，可着力挖掘其教学经验和智慧，发挥其"传帮带"作用。只有充分考虑思想政治教师的个体差异，提供个性化、多样化的培训，才能最大限度地提高培训的针对性和有效性。

(二) 培训方式的多元化

为了提升培训的针对性和实效性，推动思想政治教师培训方式的多元化发展已经成为思想政治教育者的共识和努力方向。

1. 创设多样化的培训情境

为了调动思想政治教师的主动性和积极性，培训应为思想政治教师搭建多样化的学习平台，营造沉浸式、体验式的培训情境。例如，可以组织教学观摩、专题研讨、案例分析等活动，引导思想政治教师在具体情境中感悟教育教学规律；可以搭建在线学习社区，鼓励思想政治教师分享经验、交流心得，在协作互动中实现专业能力的提升。这些多样化的培训情境不仅能够增强培训的吸引力，更能促进理论与实践的深度融合。

2. 完善培训评价机制

培训评价应建立多元主体参与、注重过程管理的机制。一方面，评价主体应包括培训者、学员、教育行政部门等，通过多元视角的交叉印证，客观、全面地评估培训质量；另一方面，培训评价应贯穿培训全过程，通过学习档案、成长性评价等方式，动态监测思想政治教师的进步和变化。此外，评价结果还应用于指导后续培训活动的优化完善，形成评价、反馈、改进的良性循环。只有不断健全培训评价机制，才能为思想政治教师培训方式的创新提供持续动力。

四、新媒体视域下大学生思想政治教师的跨学科协作

（一）跨学科协作的必要性

面对纷繁复杂的网络环境，单一学科视角下的教育已难以适应形势需要。跨学科协作成为思想政治教育创新发展的必然选择。

跨学科协作是新媒体时代思想政治教育工作的内在要求。当今时代，知识呈现出综合化、交叉化的特点，不同学科领域之间的界限日益模糊。思想政治教育作为一门综合性强的应用学科，更需要借鉴和吸收其他学科的研究成果，拓宽理论视野，丰富教育内容。跨学科协作能够促进思想政治教育学科体系的完善，进一步推动理论创新和方法创新，为解决实际问题提供多元化的思路和对策。

信息技术学科与思想政治教育学科的协作，是应对新媒体挑战的有效路径。在信息化时代，新媒体已经成为大学生获取信息、交流互动的主要渠道。思想政治教育者需要熟悉新媒体的传播特点和规律，运用信息技术手段开展教育实践。与信息技术学科的专家学者合作，可以帮助思想政治教师掌握数据分析、可视化呈现等方法，提高教育教学的针对性和实效性。同时，信息技术学科可以从思想政治教育的视角审视技术应用的价值导向，加强技术伦理研究，推动

信息技术服务于立德树人这一根本任务。

心理学、社会学等学科与思想政治教育学科的协作，有助于加深对大学生成长规律的认识。随着社会的快速发展，现代大学生的价值观念、心理特点、行为方式呈现出许多新变化。思想政治教育需要运用心理学、社会学等学科的理论和方法，深入分析大学生思想行为的形成机制，把握群体性特征，提高教育的科学性和针对性。例如，心理学的人格理论可以为因材施教提供参考，社会学的青年文化研究可以为教育内容的选择和呈现方式提供启示。

（二）跨学科协作的保障机制

1. 为跨学科协作提供制度保障

高校要建立健全相关管理制度和运行机制，明确各参与主体的职责权限，优化资源配置，为跨学科团队开展工作创造良好的政策环境。

2. 应加强跨学科协作的组织领导和统筹协调

高校要成立由分管校领导牵头，相关职能部门参与的工作领导小组，履行决策、指导、评估等职能。同时，要发挥好院系在一线组织实施中的主体作用，成立院系层面的跨学科协作工作组，负责具体工作的组织落实。通过校院两级联动，形成分工明确、责权统一的组织体系，确保跨学科协作有序开展。

3. 要搭建跨学科交流合作平台

高校要定期举办跨学科教学研讨会、学术沙龙等活动，为思想政治教师提供交流思想、分享经验的机会。鼓励思想政治教师开展跨学科合作研究，申报跨学科教学创新项目。学校可设立专项基金，对跨学科协作的优秀成果给予物质奖励和精神鼓励，调动思想政治教师参与的积极性。

4. 加强思想政治教师队伍建设

高校要注重选拔和培养一批具有跨学科意识和能力的骨干思想政治教师，发挥其示范引领作用。学校应制定相应的思想政治教师发展规划，将参与跨学科协作纳入思想政治教师考核体系，并与职称评聘、岗位晋升等挂钩。同时，加大对思想政治教师的培训力度，有计划地安排思想政治教师参加国内外相关专业培训，提升其跨学科理论素养和实践能力。

5. 完善评估反馈机制

高校要建立科学合理的跨学科协作评估指标体系，定期开展过程监测和效果评估，全面了解协作绩效。注重收集学生、思想政治教师等利益相关方的意见建议，客观分析存在的问题和不足之处。针对评估中发现的问题，及时反馈，研究并制定整改方案，推动跨学科协作不断完善及发展。

五、新媒体视域下大学生思想政治教师的职业发展与支持

为了适应信息化教学的新形势，思想政治教师必须不断提升自身素质，完善知识结构。高校应当积极采取措施，为思想政治教师搭建学习平台，创造进修机会，助力其专业方面的成长。

首先，高校可以定期举办新媒体教学培训班，邀请相关领域的专家学者授课，系统地传授新媒体教学理念、方法和技巧。通过集中培训，思想政治教师能够及时了解教育信息化的最新进展，掌握先进的教学手段，提高运用新媒体开展教学的能力。同时，培训班能为思想政治教师提供交流与互鉴的机会，相互分享教学经验，共同探讨新媒体环境下思想政治课教学的新思路、新举措。

其次，高校应鼓励思想政治教师参加国内外学术会议，了解学界前沿动态。通过参会，思想政治教师能够与国内外同行面对面交流，借鉴不同国家和地区思想政治教育的成功经验，拓宽学术视野。高校可以设立专项资金，资助思想政治教师参加高水平的学术会议。同时，应将参会情况纳入思想政治教师考核和职称评定体系，调动思想政治教师参与学术交流的积极性。

再次，高校可以利用网络平台，为思想政治教师搭建在线学习社区。依托互联网技术，思想政治教师能够突破时空限制，与校内外同行实时互动，分享教学资源，探讨教学问题。网络学习社区的建设，不仅能够拓宽思想政治教师的学习渠道，而且有利于促进思想政治教师队伍的协作配合，形成教学合力。高校应加强在线学习平台的建设与维护，为思想政治教师营造良好的网络学习环境。

从次，高校应完善思想政治教师进修制度，定期选派优秀思想政治教师到国内外高校访学或攻读学位。通过进修深造，思想政治教师能够系统学习新媒体技术知识，提升理论素养，拓宽国际视野。高校要制定科学合理的选拔标准，确保派出的思想政治教师具有较强的学习能力和发展潜力。同时，高校要做好后勤服务保障，为进修思想政治教师提供必要的生活、学习条件，确保其能够

全身心投入学习。

最后，高校应健全思想政治教师的评价激励机制，将新媒体教学能力作为考核的重要内容。对于在新媒体教学实践中表现突出的思想政治教师，高校要大力表彰奖励，并在职称评聘、岗位晋升等方面给予优先考虑。物质奖励和精神鼓励的结合可以充分调动思想政治教师运用新媒体开展教学的积极性、主动性。高校还应总结推广优秀思想政治教师的先进经验，发挥示范引领作用，带动更多思想政治教师投身新媒体教学实践。

新媒体为高校思想政治教育提供了新的平台和载体，同时对思想政治教师的专业素质提出了新的挑战。高校只有采取切实有效的支持措施，营造良好的学习环境，搭建多元的培养平台，才能不断提升思想政治教师的新媒体教学能力，推动思想政治教育与时俱进。这不仅是适应信息化时代要求的必然选择，也是落实立德树人根本任务的必由之路。

第三节　思想政治教育评价体系构建

一、新媒体视域下大学生思想政治教育评价体系设计

（一）评价对象选择

在新媒体环境下，大学生思想政治状况呈现出多样化、个性化、隐蔽化等特点，传统选择评价对象的方式已经难以适应新形势的需要。因此，构建科学、合理的大学生思想政治教育评价对象选择体系，已成为提升新媒体视域下大学生思想政治教育研究的必备课题。

1. 立足大学生思想政治教育的总体目标

大学生思想政治教育旨在帮助大学生树立正确的世界观、人生观、价值观，培养其爱国主义情怀、社会主义核心价值观和法治意识，提升其道德品质和文明素养。因此，在选择评价对象时，要全面考查大学生在理想信念、道德品质、法治意识、心理素质等方面的发展状况，既要关注思想认识层面，也要关注行为实践层面。只有选择与教育目标密切相关的评价对象，才能真实反映大学生思想政治状况，为教育教学提供可靠依据。

2. 兼顾普遍性和特殊性

评价对象应涵盖不同年级、不同专业、不同地域的大学生群体，以保证评价结果的代表性和普适性。通过对各类大学生群体进行抽样调查，可以准确把握大学生思想政治发展的总体态势和规律。评价对象的选择还应考虑不同大学生群体的特殊性。例如，低年级学生处于价值观形成的关键期，高年级学生面临就业择业压力。这就需要根据不同群体的特点，有针对性地选取评价对象，进行分类指导和精准施策。

3. 充分利用新媒体平台的优势

在信息化时代，大学生的学习生活已经与网络媒体密不可分。他们通过新媒体平台表达观点、交流思想，通过网络课程、在线教育获取知识。这些网络行为往往能更直观、真实地反映大学生的思想动态和价值取向。因此，评价对象的选择不能局限于线下，而应积极拓展到线上空间。通过对大学生网络行为的大数据分析，可以发现隐藏在个体之下的群体性特征，从而为思想政治教育提供新的切入点和着力点。

4. 注重发展性和持续性

大学生思想政治状况是一个动态变化的过程，会受到社会环境、校园文化、个人经历等多重因素的影响。因此，评价对象的选择应根据实际情况进行动态调整。通过持续跟踪一批有代表性的评价对象，动态监测其思想状况的变化轨迹，可以深入分析影响大学生成长发展的关键因素，为思想政治教育的改进完善提供依据。同时，发展性评价有助于挖掘大学生的思想政治教育资源，发现优秀典型和先进事迹，用身边人、身边事引导大学生树立远大理想，在学习和实践中不断成长进步。

（二）评价维度确定

1. 理想信念

理想信念决定着大学生的政治方向、人生态度和价值追求。因此，理想信念教育的成效理应成为评价的首要维度。具体来说，可以从以下几个方面设计评价指标：大学生对马克思主义基本原理的掌握程度，对中国特色社会主义的认同度，对社会主义核心价值观的践行度，以及个人理想与国家前途命运的关联度。只有将理想信念教育的评价落到实处，才能真正把握大学生思想政治状况，为后续教育教学提供可靠依据。

2. 爱党情怀

通过系统的理论课程，让大学生深入了解党的历史、理论和使命，通过实践活动、校园文化和社会服务等多种方式，将爱党情怀融入大学生的日常学习与生活之中。这些举措不仅加深了大学生对党的认知与理解，还在潜移默化中激发了他们内心深处对党的热爱与敬仰。于是大学生逐渐树立了坚定的理想信念和深厚的爱国情怀，他们更加珍惜当前来之不易的幸福生活，更加明白自己肩负的历史使命与时代责任。他们积极向党组织靠拢，用实际行动践行党的宗旨，努力成为有理想、有本领、有担当的新时代青年。因此，从爱党情怀的角度来看，大学生思想政治教育体系无疑取得了显著成效，为培养德智体美劳全面发展的社会主义建设者和接班人奠定了坚实基础。

3. 爱国主义

培养大学生的爱国情怀，增强其民族自豪感和社会责任感，是思想政治教育工作的应有之义。在评价维度设计中，可以重点考查大学生对国家历史文化的了解程度、对民族精神的传承程度，以及在关键时刻维护国家利益、服务人民需求的自觉性。通过多角度、立体化的评价，既可以全面诊断爱国主义教育的实际成效，又可以及时发现其中的薄弱环节，为下一步工作指明方向。

4. 道德修养

加强大学生的道德教育，提升其道德品质和行为规范，是思想政治教育的题中应有之义。在评价维度设计中，可以重点考查大学生的个人品德、人际交往、社会公德等方面的表现。同时，要关注大学生在网络空间的道德实践，评价其网络道德意识和自律能力。只有全方位评价大学生的道德状况，才能精准施策，推动道德教育与时俱进。

5. 心理素质

大学生正处于世界观、人生观、价值观形成的关键时期，面临学业、情感、就业等多重压力，心理问题日渐凸显。因此，在评价维度设计中，应重点关注大学生的心理健康状况，考查其自我认知、情绪管理、应激能力等心理品质。同时，要评价大学生的人际交往能力、社会适应能力和危机应对能力。只有立足大学生成长需求，科学设置心理素质评价指标，才能切实增强思想政治教育的针对性和实效性。

6. 法治观念

树立大学生法治意识，提高法律素养，是大学生思想政治教育不可或缺的内容。设计相关评价维度时，可重点考查大学生法律知识的掌握程度、法律思维的运用能力和在日常生活中知法、懂法、守法、用法的主动性。只有将法治教育评价落到实处，才能真正把握大学生法治观念的形成状况，及时补齐短板，促进法治人才的培养。

（三）评价指标构建

在新媒体环境下，大学生思想政治教育评价指标体系的构建需要立足于新时代大学生群体的特点和思想政治教育工作的内在规律。评价指标不仅要全面考查大学生思想政治素质的各个维度，更要突出针对性和可操作性，为思想政治教育工作提供切实可行的评价依据和改进方向。

从德育目标的角度看，评价指标应涵盖大学生理想信念、爱国主义、遵纪守法、诚实守信等基本品德，以及社会主义核心价值观的认同和践行情况。同时，在当前复杂多变的网络环境下，评价指标需关注大学生在社交媒体上的言行表现，考查其是否能够自觉抵制不良信息、传播正能量，展现良好的网络道德风尚。

从能力培养的角度看，评价指标应重点考查大学生运用马克思主义立场、观点和方法分析问题的能力，以及将所学知识转化为解决实际问题的能力。在新媒体时代，大学生获取信息的渠道日益多元，但也面临着信息茧房、算法偏见等问题。因此，评价指标还应关注大学生媒介素养的提升情况，考查其是否具备独立思考、理性判断的能力，是否能够客观、全面地认识世界。

从实践育人的角度看，评价指标应充分考虑新媒体环境下思想政治教育实践活动的新形式、新途径。一方面，要考查高校是否积极利用新媒体平台开展志愿服务等活动，拓宽思想政治教育的渠道；另一方面，要关注大学生在网上参与思想政治教育实践活动的广度和深度，考查其在活动中是否树立了正确的世界观、人生观、价值观。

从保障体系的角度看，评价指标应将高校思想政治工作队伍建设、经费投入、制度建设等纳入考查范围。在新媒体时代，思想政治教育者不仅要具备扎实的理论功底，更要熟悉新媒体传播规律，掌握新媒体应用技术。同时，高校应加大经费投入力度，为思想政治教育搭建网络平台、开发网络课程等提供物质保障。此外，还要健全工作机制，完善考核评价办法，调动思想政治教师开展思想政治教育的积极性、主动性。

二、新媒体视域下大学生思想政治教育评价方法的选择与应用

（一）定性评价与定量评价相结合

新媒体视域下的大学生思想政治教育评价工作，需要在选择与应用评价方法方面实现定性评价与定量评价的有机结合。定性评价侧重对学生在思想政治教育过程中表现出的态度、情感、价值观等方面进行描述性、判断性评价。它能够深入剖析思想政治教育效果的本质内涵，捕捉学生在价值认同、道德情操等方面的微妙变化。例如，通过个别访谈、小组座谈等方式，思想政治教育者可以了解大学生对国家、社会、集体的情感认同程度，洞察其思想动态和行为表现。这些定性的评价信息虽然难以量化，但是能够真实反映思想政治教育的实际效果。

定量评价在新媒体环境下不可或缺。大数据技术的发展为定量评价提供了全新的方法。思想政治教育者可以通过学生在新媒体平台上的点击量、转发量、评论量等数据，客观衡量其对思想政治教育内容的关注度和认可度。同时，借助文本挖掘、情感分析等技术手段，思想政治教育者能够从海量的新媒体数据中提炼出学生的思想动向、价值取向。这些定量的评价结果能够宏观地把握思想政治教育的整体效果，为教育决策提供数据支撑。

定性评价和定量评价是相辅相成、互为补充的。只有将二者有机结合，才能够全面、客观、准确地评估新媒体视域下大学生思想政治教育的实际成效。一方面，定性评价能够弥补定量评价的局限性，挖掘数据背后的深层原因，解释大学生思想行为的内在逻辑。另一方面，定量评价能够检验定性评价的科学性，用数据说话，提升评价结果的可信度。二者相互印证、相互补充，构成了一套完整的评价方法体系。

在具体的评价实践中，思想政治教育者需要根据评价目的、评价对象、评

价条件等因素，灵活选择和运用定性评价与定量评价方法。对于那些难以量化的思想内涵和情感体验，可以侧重采用访谈、观察等定性评价方法；对于那些易于数字化呈现的行为表现和参与度，则可以重点运用问卷调查、数据分析等定量评价方法。同时，要注重定性评价与定量评价的交叉印证，对二者的结果进行综合分析，以形成更加全面、准确的评价结论。

（二）过程性评价与结果性评价并重

过程性评价关注学生在思想政治教育活动中的表现和进步，强调评价的连续性和动态性。通过对学生日常参与情况、思想动态、行为表现等进行全面观察和记录，思想政治教育者能够及时了解学生的思想状况，发现其成长中的困惑和问题，从而有针对性地给予引导和帮助。这种评价方式不仅能够激发学生参与教育活动的主动性，增强其获得感和成就感，更能促进其自我认识和自我完善。

结果性评价侧重学生在思想政治教育活动中所取得的最终成效，如思想觉悟的提高、道德品质的养成、理论素养的增强等。这种评价方式通过综合考查学生在一个阶段内的表现，客观反映其思想政治素质的发展水平，既是对教育效果的检验，也是对学生成长状况的总结。结果性评价不仅能够帮助思想政治教育者全面把握教育工作的成效，改进教育教学方法，也能引导学生正确认识自己的优势和不足，明确未来努力的方向。

在新媒体环境下，过程性评价和结果性评价的结合尤为重要。一方面，新媒体技术为过程性评价提供了更加便捷、多元的途径。思想政治教育者可以通过网络平台、移动应用等方式，随时随地记录学生的思想动态和行为表现，实现评价的常态化和即时化。学生也能够借助新媒体手段，主动分享自己的学习体会和成长感悟，与思想政治教师和同学进行交流互动。另一方面，新媒体技术为结果性评价注入了新的内涵。除了传统的知识考核和能力测试，思想政治教育者还可以综合运用网上问卷、在线测评、数据分析等手段，多维度、立体化地呈现学生思想政治素质的发展状况。学生也能借助新媒体渠道，展示自己的学习成果和实践成效，并接受社会各界的评判和反馈。

过程性评价和结果性评价相辅相成，缺一不可。只重视过程而忽视结果，评价就可能流于形式，缺乏明确的指向和导向作用；而只关注结果而忽略过程，评价就可能片面、静态，难以真正促进学生的全面发展。因此，在构建新媒体视域下的大学生思想政治教育评价体系时，必须处理好过程性评价和结果性评价的关系。

思想政治教育者应根据思想政治教育的目标和内容，科学设计过程性评价的方案和标准，充分利用新媒体技术手段，开展多样化的评价活动。同时，要定期开展结果性评价，综合运用定性和定量的方法，客观呈现学生思想政治素质的发展水平。评价结果应及时反馈给学生本人，帮助其认识自身的优势和不足。思想政治教育者要认真分析和研判评价数据，总结教育工作的经验和问题，优化教学方式和内容，不断提升教育的针对性和实效性。

三、新媒体视域下大学生思想政治教育评价过程的动态管理

评价过程蕴含着丰富的教育价值，对引导学生正确认识自我、树立积极的价值观念具有重要意义。因此，加强大学生思想政治教育评价过程的动态化管理，已成为新时代大学生思想政治教育工作的重要任务。

动态化管理要求思想政治教育者树立过程性评价理念，将评价贯穿于教育教学的全过程。在评价目标设定阶段，要充分考虑学生的个体差异和发展需求，制定科学、合理的评价指标体系。评价指标不仅要关注学生对思想政治理论知识的掌握程度，更要注重其价值观念、道德品质、行为习惯等方面的养成和提升。同时，评价目标应具有一定的弹性和开放性，能够根据教育实践的变化进行动态调整。

在评价实施阶段，要创新评价方式方法，丰富评价主体和评价渠道。单一的量化考核已经难以全面反映学生的思想政治素养，思想政治教育者应积极探索师生互评、学生自评、小组互评等多元评价方式，引导学生成为评价的主体。同时，要充分利用新媒体技术手段，建立网络评价平台，拓宽评价渠道，使评价更加便捷、及时。通过动态化的评价实施，思想政治教育者可以全面了解学生在价值观念、道德品质等方面的发展变化，为有针对性地开展思想政治教育提供重要依据。

评价反馈是动态化管理的重要环节。评价不应止步于结果的呈现，更重要的是反馈评价信息，引导学生正确认识和接纳评价。思想政治教育者要与学生进行充分的沟通和交流，帮助其客观地分析评价结果，明确今后的努力方向。对于评价中暴露出的问题和不足，思想政治教育者要耐心地对学生进行思想教育和行为引导，促进学生自我教育、自我完善。同时，要注重评价结果的运用，将其作为改进思想政治教育工作的重要依据，不断提高教育的针对性和实效性。

此外，动态化管理还要建立健全评价的监督机制和反馈机制。要加强对评

价过程的监督和管理，规范评价行为，防止评价走形式、走过场。要畅通评价反馈渠道，鼓励学生对评价工作提出意见和建议，促进评价机制的不断完善。只有建立起科学、规范、长效的评价监督和反馈机制，才能保证评价工作沿着正确的方向持续推进。

四、新媒体视域下大学生思想政治教育评价结果的分析与反馈

（一）评价结果的统计分析

通过对评价数据进行科学、系统的统计分析，思想政治教育者可以全面、准确地了解大学生的思想状况，把握思想政治教育工作的成效和不足，为进一步优化教育教学提供依据。

在大数据时代，海量的评价数据为统计分析提供了丰富的素材。思想政治教育者应充分利用信息技术手段，建立完善的数据采集、存储、处理机制，确保评价数据的完整性、准确性和时效性。同时，要遵循统计学的基本原理和方法，选择合适的统计模型和工具，对数据进行科学的整理、分析和挖掘，揭示其中蕴含的规律和趋势。

评价结果的统计分析应包括以下四个方面。一是对评价指标的得分情况进行描述性统计，计算各指标的平均值、标准差、频数分布等，直观呈现出大学生在不同维度上的思想政治表现。二是探究各评价指标之间的相关性，分析不同方面的思想政治素质之间是否存在内在联系，以及联系的强弱程度。三是对不同群体的评价结果进行比较分析，考查不同性别、年级、专业的大学生在思想政治方面是否存在显著差异，进而有针对性地制定教育措施。四是运用聚类、因子分析等多元统计方法，探索影响大学生思想政治的关键因素，揭示思想政治教育的内在机理和规律。

评价结果的统计分析不应止步于呈现现状，更要注重发现问题、分析原因、提出对策。通过纵向比较，思想政治教育者可以追踪大学生思想状况的动态变化，评估思想政治教育工作的阶段性成效。通过横向比较，思想政治教育者可以借鉴先进高校的经验做法，找准自身工作的差距和不足。统计分析结果还应及时反馈给相关部门和思想政治教师，用以改进教育教学工作，提升思想政治教育的针对性和实效性。

此外，统计分析不仅要关注数据的表象，更要深入挖掘数据的内涵。思想

状况是一个复杂的动态系统，单一指标的变化可能源于多重因素的交互作用。因此，分析时要进行多层面、多视角的综合考量，运用辩证思维和系统思维方法，准确解读数据所反映的深层次问题。同时，要充分考虑数据的局限性，提高统计分析的科学性和严谨性。

（二）评价结果的应用反馈

通过对评价结果的系统分析，思想政治教育者可以准确诊断思想政治教育工作的薄弱环节，明确下一步的努力方向。同时，将评价结果及时反馈给相关主体，能够激发其参与评价、支持评价的积极性，形成评价、反馈、改进的良性循环。

1. 重视对评价数据的深度挖掘

表面的数据结果只能反映思想政治教育工作的现状，而深层次的数据分析能揭示问题的根源所在。思想政治教育者应运用科学的统计方法和数据分析工具，多角度、多层面地剖析评价结果，准确把握思想政治教育工作的规律和特点。

2. 评价结果反馈应坚持及时性原则

思想政治教育是一项系统工程，涉及教育、管理、服务等多个环节。评价结果如果没有及时反馈，就可能错过问题的最佳处置时机，导致矛盾激化、问题升级。因此，高校应建立健全评价结果反馈机制，明确反馈的时间节点、渠道方式、责任主体等，确保重要评价信息能够在第一时间传递给相关主体，为科学决策提供参考依据。

3. 评价结果反馈应坚持针对性原则

对评价结果的反馈应有的放矢，突出重点。针对不同的评价对象、评价内容，应采取差异化的反馈策略。例如，对于思想认识方面的问题，思想政治教育者可以通过个别访谈、谈心谈话等形式，有针对性地开展思想教育；对于学风建设方面的问题，思想政治教育者可以通过召开专题会、制定整改方案等，有组织、有计划地推进整改落实。

4. 评价结果应充分吸收师生的智慧和力量

思想政治教育工作的最终落脚点是促进学生全面发展、健康成长，没有广大师生的参与和配合，评价结果就难以真正发挥作用。因此，在评价结果反馈过程中，要充分听取师生的意见建议，鼓励他们从自身岗位出发，提出改进思想政治教育工作的思路和对策。同时，应将评价工作的成效与师生的切身利益相结合，提高他们参与评价、运用评价结果的积极性和主动性。

（三）评价结果的持续改进

评价应该是一个动态循环、不断优化的螺旋上升过程。只有坚持评价结果的持续改进，才能真正发挥评价的导向、激励和调控功能，推动大学生思想政治教育工作不断迈上新台阶。

持续改进的首要前提是科学分析评价结果。思想政治教育者要以开放、审慎的态度看待评价结果。要深入剖析评价结果背后的深层原因，探寻思想政治教育工作的突出问题和薄弱环节。这需要思想政治教育者运用多维视角和科学方法，结合定性和定量分析，全面考查影响评价结果的各种因素，准确把握思想政治教育工作的现状和趋势。只有在科学分析的基础上，后续的改进措施才能切中要害，从而更具针对性和实效性。

在分析评价结果的基础上，持续改进还要制定切实可行的整改方案。整改应做到措施具体、责任明确、时限明晰。要紧密结合评价反映出的问题和不足，因地制宜、因材施教，探索行之有效的思想政治教育新途径、新方法。既要立足当前，解决急迫问题，又要着眼长远，探寻规律，把握大势，进行前瞻性的系统设计和战略谋划。整改要坚持全员、全过程、全方位，充分调动各方力量，形成工作合力，扎实推进思想政治教育评价整改工作。

持续改进的关键是建立健全长效机制。评价整改应常抓不懈、持之以恒。思想政治教育者要将评价、反馈、整改有机结合，形成常态化、制度化的闭环机制。要建立健全评价结果运用和反馈机制，畅通评价结果反馈渠道，促进评价主体与评价客体之间的良性互动。要完善督导评价和绩效考核制度，将评价结果与绩效考核、资源配置挂钩，形成有力的激励约束机制。要健全评价整改责任追究机制，对整改不力、敷衍塞责的要严肃问责，以评价促改进，推动思想政治教育评价整改工作落到实处。

第四章 新媒体视域下的大学生思想政治教育创新

第一节 新媒体视域下大学生思想政治教学环境的优化

一、新媒体视域下大学生思想政治教学资源的整合

(一) 网络教学资源的汇集与分类

随着信息技术的飞速发展，网络教学资源日益丰富，为大学生思想政治教育提供了前所未有的机遇。面对浩如烟海的网络资源，如何有效地汇集、分类和利用它们，成为摆在思想政治教育者面前的一道难题。系统梳理网络教学资源、构建科学合理的分类体系，是发挥其育人功能的基础和前提。

从内容属性来看，网络思想政治教学资源可以分为理论学习类、时事政策类、典型案例类、实践活动类等。理论学习类资源是开展思想政治教育的根本遵循。时事政策类资源有助于引导学生正确认识世情国情。典型案例类资源生动再现了英雄模范、道德楷模的感人事迹，有利于培养学生高尚的道德情操。实践活动类资源展现了思想政治教师和学生在社会实践、志愿服务等方面的经历体悟，能够帮助学生深化对理论知识的理解和运用。

从媒体形态来看，网络思想政治教学资源可以分为文本型、图像型、音频型、视频型、多媒体型等。文本型资源主要包括电子图书、期刊论文、报告文献等，是传统教学资源的网络化延伸。图像型资源涵盖图片、漫画、思维导图等，能够直观形象地呈现教学内容。音频型资源包括音频课程、讲座论坛等，利用声音媒介传播知识信息。视频型资源包括教学录像、微视频、纪录片等，集音频和视频于一体，表现力更加丰富。多媒体型资源融合了文本、图像、音频、视频等媒体元素，具有超强的交互性和沉浸感，代表了网络教学资源的发展方向。

从服务对象来看，网络思想政治教学资源可以分为面向思想政治教师的资源和面向学生的资源。面向思想政治教师的资源主要包括教学设计案例、课程

标准、教案课件等，为思想政治教师备课授课、研究教学提供支持和帮助。面向学生的资源则涵盖了网络学习课程、主题网站、实践活动指南等，满足了学生自主学习、互动交流的需求。思想政治教师和学生是思想政治教育的双主体，提供契合其需求特点的差异化资源，能够调动他们参与教学的积极性和主动性。

从资源来源来看，网络思想政治教学资源可以分为校内资源和校外资源。校内资源是指本校思想政治教师和学生自主开发、本校图书馆或资料室提供的资源，具有针对性强、易于获取的特点。校外资源则是指网络上由其他高校、出版机构、企业等提供的优质资源，内容更加丰富。对于高校来说，应积极利用现有的校内资源，扬长避短，打造特色鲜明的资源库。同时，要主动对接校外资源，引进与本校教学需求契合度高的优质资源，不断拓展资源的广度和深度。

（二）传统教学资源的数字化转换

在信息技术迅猛发展的当下，大量优质的思想政治教学资源仍然以纸质、音像等传统形式存在。系统梳理传统思想政治教学资源，并将其转化为数字化形式，已经成为思想政治教育者的重要任务。

数字化转换的过程需要遵循一定的原则和规律。一方面，要立足教学目标，有针对性地筛选转换对象。思想政治教育内容丰富多样，涉及理论学习、价值引领、实践养成等方面。思想政治教师应根据课程要求和学生特点，重点选择与教学目标密切相关、对学生成长具有重要价值的内容进行数字化转换。另一方面，要突出思想政治元素，强化价值导向。思想政治课程在知识传授的同时，应注重对学生情感、态度、价值观的塑造。因此，在数字化转换过程中，要充分挖掘蕴含其中的思想内涵和教育价值，通过融入生动的案例、鲜活的语言、高互动的设计等，增强资源的吸引力和感染力。

数字化资源的形式应体现多样性和交互性。当前，数字化教学形式已经得到广泛应用，极大地丰富了教学手段。思想政治教育者应根据资源内容和教学需求，灵活运用多种数字化工具，创设多元的学习情境。例如，可以将理论性较强的内容制作成系统完整的慕课，方便学生自主学习；将实践性较强的内容设计成沉浸式的虚拟仿真项目，让学生在体验中感悟。同时，数字化资源应充分利用新媒体平台的互动功能，增进师生、生生之间的交流，营造良好的学习氛围。

（三）教学资源的共享与交互机制

面对日益丰富的教学资源和快速更迭的信息技术，如何实现思想政治教学资源的优化整合、促进资源的共享与交互，已经成为摆在广大思想政治教育者面前的一道重要课题。

思想政治教育者应充分利用新媒体平台，精心设计教学内容，制作形式多样的数字化资源。要将权威的理论著作、经典案例、热点事件等转化为微视频、动漫等易于学生接受的形式。要引导学生参与资源的生产和创造，通过主题征文、微电影制作、公益实践等方式，鼓励学生成为知识的主动建构者。还要建立资源共享机制，促进优质资源在不同院校、不同地区之间的流通，实现资源利用的最大化。

教学资源的整合与共享需要师生之间、生生之间的交互与协作。新媒体时代为这种交互提供了多样化的渠道和方式。思想政治教师可以利用即时通信工具与学生保持日常交流，及时了解他们的思想动态和学习诉求；利用社交平台引导学生展开话题讨论，增强思想政治教育的参与感和获得感。学生之间也可以通过组建学习共同体、开展合作探究等，在思想的交锋与碰撞中加深对知识的理解和认同。

资源共享与交互并非漫无目的地传递信息和交换意见。思想政治教育者应充分发挥引导作用，加强资源的组织与管理，有目的、有计划地设计教学活动，引领学生树立正确的世界观、人生观、价值观。要高度重视资源质量和学习效果的评估，通过问卷调查、学习分析等方式，及时掌握共享资源的使用情况和交互活动的开展成效，不断优化资源的供给和活动的设计，提高资源利用率和教学实效性。

二、新媒体视域下大学生思想政治教学平台的建设

（一）基于虚拟现实、增强现实技术的沉浸式教学平台开发

随着信息技术的飞速发展和高等教育的不断深化，虚拟现实、增强现实技术在大学生思想政治教学中的应用日益受到重视。基于虚拟现实、增强现实技术的沉浸式教学平台开发，能够为思想政治教育注入新的活力，为学生提供身临其境的学习体验，有效提高教学效果。

虚拟现实、增强现实技术具有沉浸感强、交互性好、想象空间大等特点，能够打破时空限制，将抽象的理论知识转化为生动形象的场景，激发学生的学习兴趣。在虚拟现实、增强现实环境中，学生能够主动探索、操作和体验，从而加深对思想政治内容的理解和认同。

基于虚拟现实、增强现实技术的沉浸式教学平台开发需要思想政治教育者与技术人员的通力合作。一方面，思想政治教育者要深入研究思想政治教育内容，挖掘其中蕴含的丰富资源，设计科学合理的教学方案。另一方面，技术人员要充分了解教学需求，运用先进的虚拟现实、增强现实技术手段，开发功能完善、体验优良的教学平台。只有双方密切配合，才能够真正实现教学内容与技术手段的完美融合。

基于虚拟现实、增强现实技术的沉浸式教学平台开发要注重教学内容的选择和呈现方式的设计。思想政治教育涉及理想信念、道德品质、法治意识等方面，内容广泛而抽象。因此，在进行虚拟现实、增强现实场景设计时，要突出重点，选取最具代表性和教育意义的素材，避免内容泛滥和过于复杂。同时，要充分运用虚拟现实、增强现实技术的优势，通过多感官刺激、交互操作等方式，增强学生的代入感和参与感，提高教学的吸引力和感染力。

基于虚拟现实、增强现实技术的沉浸式教学平台开发要重视学习数据的采集和分析。在虚拟现实、增强现实环境下，学生的每个操作和反应都能够被记录下来，形成海量的学习数据。通过对这些数据进行挖掘和分析，思想政治教师可以全面掌握学生的学习状况，及时发现问题并予以干预和指导。这种数据驱动的个性化教学模式，能够有效提升教学的精准度和有效性。

（二）基于大数据的个性化教学平台设计

大数据时代的到来为个性化教学提供了新的可能。海量的教育数据使思想政治教育者深入洞察每名学生的学习特点、知识储备和能力水平成为可能。基于大数据的个性化教学平台设计应充分利用这一优势，为学生提供更加精准、高效的学习体验。

个性化教学平台的核心在于建立完善的学生画像。通过收集学生的学习行为数据（如课程学习进度、作业完成情况、测验得分等），平台可以动态地分析学生的学习状况，识别其学习风格、知识掌握程度和薄弱环节。在此基础上，平台可以为每名学生推送个性化的学习资源，包括与其能力水平相匹配的课程内容、习题和拓展材料等，确保学习内容的针对性和适切性。平台还可以根据学生的学习进展和表现，动态调整学习方案和节奏，实现因材施教。

个性化教学平台应重视学习过程的交互性和参与感。大数据技术可以支撑智能化的教学助手，通过自然语言交互、语音识别等方式，为学生提供实时的学习指导和答疑服务。当学生遇到问题时，可以通过平台获得智能化的提示和反馈，及时克服学习障碍。平台还可以基于学生的兴趣爱好和学习行为，推荐与之匹配的学习伙伴，促进学习社区的形成。学生可以通过平台与同伴交流心得、分享资源，在协作互助中提高学习效率。

个性化教学平台的设计需兼顾教学管理和质量监控。平台应为思想政治教师提供实时的教学数据分析，帮助其掌握学生的整体学情和个体差异，优化教学策略和内容设计。平台可以通过数据挖掘技术，智能预警学生的学习风险，及时引起思想政治教师关注。平台须建立科学的评估机制，综合考查平台的使用效果、学生满意度和教学成果，不断优化平台功能和服务。

三、新媒体技术在大学生思想政治教学场所中的应用

（一）思想政治课课堂的技术应用

新媒体技术的迅猛发展为思想政治课教学带来了新的机遇和挑战。在思想政治课课堂中有效应用新媒体技术，能够提高教学质量、增强教学吸引力。

从教学内容设计的角度来看，新媒体技术为思想政治课内容的丰富化和生动化提供了广阔空间。思想政治教师可以利用多媒体课件、视频素材、动画演示等手段，将抽象的理论知识转化为直观、形象的教学内容，帮助学生建立起系统完整的知识架构。思想政治教师还可以借助新媒体平台，引入与教学主题相关的热点话题和社会现象，增强课程内容的时代性和针对性，进而激发学生的学习兴趣。

从教学方法创新的角度来看，新媒体技术有助于实现师生互动、生生互动的多元教学模式。思想政治教师可以通过网络教学平台组织在线讨论、分组协作等教学活动，为学生提供表达观点、交流思想的机会。借助移动终端和社交媒体，思想政治教师还可以实现课内课外教学的有机结合，引导学生将所学知识应用于现实生活，提升学习的实效性。

从学习效果评价的角度来看，新媒体技术为构建多元化考核体系提供了有力支撑。传统的期末考试往往难以全面评价学生的学习效果，新媒体环境下的过程性评价、线上测试等方式则能够动态地记录学生的学习轨迹，综合考查其

在知识掌握、能力提升和价值塑造等方面的表现。

（二）思想政治教育实践活动中的技术应用

在信息化时代背景下，高校应积极探索利用新媒体技术深化思想政治教育实践，创新活动形式，丰富教育内容，提升教育实效。

高校可以依托新媒体平台，围绕中华优秀传统文化等主题，策划推出一系列富有吸引力和感染力的教育活动。例如，通过微信公众号推送图文并茂的宣传文章，讲述感人的英雄事迹；运用短视频平台发布寓教于乐的微电影、公益广告，引导学生树立正确的世界观、人生观、价值观。这些新颖别致的网络教育活动，能够满足当代大学生获取信息、表达观点的需求，在潜移默化中引导其形成正确的思想认识和价值取向。

高校可以整合校内外资源，开发设计特色鲜明的新媒体实践育人项目。例如，开发基于增强现实技术的红色地图导览系统，学生可以利用手机扫描红色地标，获取历史信息和珍贵影像，在情境体验中接受教育。新媒体技术与思想政治实践活动的深度融合，使得思想政治教育能够走进学生的日常生活，贴近他们的认知习惯，从而极大地提升教育的吸引力、渗透力和影响力。

高校应加强对思想政治教师的新媒体技术培训，提升其运用新媒体开展思想政治教育的意识和能力。同时，应着力打造一支熟悉新媒体传播规律的思想政治教育新媒体工作队伍。这支队伍应包括专职的思想政治教师、行政管理人员，形成多方联动、协同推进的育人合力。通过集思广益、优势互补，他们能及时捕捉网络热点，把握大学生的价值诉求，用大学生喜闻乐见的方式引导价值判断，最大限度地实现思想政治教育的立德树人根本任务。

（三）校园文化建设中的新媒体技术应用

在新媒体技术日新月异的今天，高校校园文化建设迎来了前所未有的机遇和挑战。新媒体以其交互性、即时性、共享性等特点，为校园文化建设提供了新的平台和载体，同时对传统的校园文化建设模式提出了新的要求。新媒体技术在校园文化建设中的应用主要体现在以下三个方面。

1. 校园文化资源的整合与优化

在传统的校园文化建设中，各类文化资源往往分散在不同的部门和平台，缺乏系统性和关联性。新媒体技术为校园文化资源的整合提供了便利条件。通过建立统一的数字化校园文化资源库，可以将校史资料、校园活动、学生作品等各类资源进行数字化采集和存储，形成系统完整的校园文化数据库。在此基础上，可以运用大数据分析、可视化呈现等技术手段，多维度、多角度地挖掘和展示校园文化资源的内在价值，为师生提供个性化、精准化的文化服务。

2. 校园文化活动的组织和开展

利用新媒体平台，可以更加便捷、高效地发布校园文化活动信息，扩大活动的覆盖面和影响力。新媒体平台还能够实现校园文化活动的线上线下融合。例如，可以通过网络直播的方式，将校园文化活动的盛况实时呈现给更多师生，让他们足不出户就能感受校园文化的魅力；也可以利用虚拟现实、增强现实等技术手段，创设身临其境的校园文化体验，使师生以更加生动、直观的方式参与校园文化活动。

3. 校园文化的育人功能

校园文化是大学生思想政治教育的重要载体。在新媒体时代，思想政治教育者要充分利用新媒体技术，在潜移默化中发挥校园文化的育人功能。可以利用新媒体平台，生动活泼地展示中华优秀传统文化，大力弘扬社会主义核心价值观，引导大学生坚定文化自信。可以开发制作寓教于乐的文化类新媒体产品（如文化主题类游戏、动漫、短视频等），以大学生喜闻乐见的方式传递正确的价值导向。

四、新媒体视域下大学生思想政治教学环境的安全与隐私保护

（一）思想政治教学数据安全管理机制

新媒体时代为大学生思想政治教育工作带来了全新的机遇和挑战，如何应对信息技术的快速发展，保障教学数据的安全，已经成为摆在广大思想政治教育者面前的一道重要课题。构建完善的思想政治教学数据安全管理机制，不仅关乎教学秩序的稳定和教育质量的提高，还涉及学生个人隐私和合法权益的保护。具体而言，可以从以下六个方面入手开展工作。

1. 明确数据安全管理责任，建立健全安全管理制度体系

学校应成立专门的数据安全管理委员会，明确各部门、各岗位的安全管理职责，制定严密的管理制度和操作规程。同时，要加强对思想政治教师和相关工作人员的数据安全教育培训，提高其安全意识和管理能力，从源头防范数据安全事故的发生。

2. 进行数据分级分类

思想政治教学数据种类繁多，敏感程度各异。因此，应根据数据的安全等级和敏感程度进行科学分类，制定差异化的管理策略。对于涉及学生个人隐私、思想动态的高度敏感数据，要进行重点保护，严格限制访问权限，并采取加密、脱敏等技术手段，最大限度地降低数据被窃取、篡改的风险。

3. 开展数据全生命周期管理

思想政治教学数据从产生到销毁，都存在一定的安全风险。因此，学校要建立数据全生命周期管理机制，覆盖数据采集、传输、存储、处理、交换、销毁等环节，对每个环节制定严格的安全管控措施。同时，要通过数据备份、异地容灾等手段，提高数据的可恢复性和可用性，最大限度地减少数据损毁所造成的损失。

4. 加强数据访问控制和审计

思想政治教学数据通常由思想政治教师和教学管理人员掌握，面临较大的内部人员窃取、泄露风险。为此，学校要严格规范数据访问行为，基于角色权限和最小权限原则，设置细粒度的访问权限，并对敏感数据的访问进行实时监控和审计，及时发现和阻断非授权访问。一旦发现数据违规访问行为，要迅速启动应急预案，控制事态扩展，降低负面影响。

5. 构建数据安全技术防线

学校要积极引进先进的数据安全防护技术与设备（如防火墙、入侵检测、数据加密、身份认证等），全方位强化数据安全。对于敏感数据，可采用区块链、同态加密等前沿技术进行加密保护，从物理和逻辑两个层面保证数据不被非法窃取、篡改。学校还要定期开展数据安全风险评估，及时发现系统漏洞和

隐患，并进行针对性修复，从技术层面筑牢数据安全屏障。

6. 各部门通力合作，形成工作合力

学校领导要高度重视，将数据安全管理作为学校整体工作的重要组成部分，纳入学校发展规划和绩效考核体系。信息化部门要发挥技术优势，为数据安全管理提供必要的技术保障。师生要共同参与，自觉遵守数据安全管理各项规定，培养良好的数据安全意识和行为习惯。

（二）思想政治教学过程中的隐私保护

随着数字化技术的迅速发展和广泛应用，大学生的学习、生活和社交活动越来越多地在网络空间中进行。这既为思想政治教育工作提供了新的平台和机遇，也带来了前所未有的隐私保护挑战。如何在充分利用新媒体技术开展教学的同时，最大限度地保护大学生个人隐私，已成为思想政治教育者必须认真对待和有效应对的现实问题。

从技术应用层面来看，应采用先进、可靠的隐私保护技术和手段。在运用新媒体平台开展教学的过程中，思想政治教师要主动学习和掌握必要的信息安全知识，提高个人信息保护意识和能力。在选用教学平台、软件工具时，要优先考虑那些具有较强安全防护能力的产品。在组织学生进行网上学习交流时，要优化隐私设置，控制学生个人信息的可见范围。在教学资料、学生作业的储存和传输过程中，要采用加密等技术手段，防止学生隐私数据被非法截取或窃取。

从教育引导层面来看，应加强对大学生的隐私保护教育，提高其自我保护意识和能力。当代大学生普遍具有较强的信息获取和传播能力，注重个人隐私的保护。但由于社会阅历和安全意识不足，他们在网络空间中的一些不慎言行，可能会成为隐私泄露的突破口。因此，思想政治教师要把隐私保护教育作为教学的重要内容，引导大学生树立正确的隐私观念，帮助他们掌握必要的隐私保护知识和技能。通过案例分析、情景模拟等生动活泼的教学方式，使大学生切身感受到保护个人隐私的重要性，自觉提高警惕，养成良好的网络行为习惯。

（三）新媒体环境下思想政治教学信息安全意识培养

从知识层面来看，思想政治教学应加强对网络信息真伪辨别、网络隐私保

护等方面知识的传授。思想政治教师应设计情景模拟，引导学生学习甄别网络信息的基本方法，提高其辨别谣言、识破骗局的能力。思想政治教师还应重点讲解个人隐私保护的重要性，教授学生在网络活动中保护个人信息的具体策略，如设置复杂密码、不随意泄露个人信息等。通过系统的知识学习，学生能够掌握基本的网络安全知识，提高自我保护意识和能力。

从能力层面来看，思想政治教学应着力培养学生对网络信息搜集、分析、利用的能力。在信息爆炸的时代，学生获取知识的渠道日益多元化，如何从海量信息中找出有价值的内容，成为一大难题。对此，思想政治教师应指导学生学会使用搜索引擎，掌握关键词检索、逻辑组合等高效搜索技巧。思想政治教师还要重点培养学生对网络信息进行分析、筛选、整合的能力，引导其运用批判性思维，客观评估信息的权威性和可靠性。通过能力的培养，学生能够在复杂的网络环境中游刃有余，成为信息的主人。

从情感态度层面来看，思想政治教学应注重培养学生理性、谨慎的网络行为习惯。在虚拟的网络空间中，一些学生容易放松警惕，出现言语攻击、侵犯他人隐私等不当行为。对此，思想政治教师应引导学生树立规则意识，遵守网络道德和法律法规。思想政治教师还要加强人文关怀，引导学生在网络交往中保持善意，学会换位思考，尊重他人的观点和隐私。通过言传身教，思想政治教师能够帮助学生养成文明、理性的网络行为习惯，塑造良好的网络道德品格。

第二节　新媒体视域下大学生思想政治教育模式的创新

一、混合教学模式

（一）线上线下相结合

随着互联网技术的迅速发展，网络已经成为当代学生获取信息、交流互动的主要渠道。面对这一现实，高校思想政治教育必须主动拥抱新媒体，积极探索线上线下相结合的教学新模式。

线上教学能够突破时空限制，为学生提供更加丰富、便捷的学习资源。通过建设思想政治教育专题网站、开设思想政治教育慕课、开发思想政治教育软件等方式，思想政治教师可以将思想政治课堂延伸到网络空间，创设生动活泼的线上学习情境，激发学生的学习兴趣。线上学习还能培养学生自主学习、独立思考的能力，引导其主动探究问题，形成正确的价值观念。

线下教学能够强化师生互动，营造亲切友好的课堂氛围。在线下课堂中，思想政治教师可以组织主题讨论、案例分析、角色扮演等教学活动，鼓励学生畅所欲言，表达自己的观点看法。在平等交流、碰撞思想的过程中，学生的价值判断力、批判性思维能力能得到锻炼和提升。线下教学还能加强师生情感交流，思想政治教师潜移默化的人格魅力和品行示范，往往能对学生产生积极影响，引导其树立正确的世界观、人生观、价值观。

线上线下相结合的教学模式，能够实现优势互补。一方面，线上教学能够拓展思想政治教育的时空维度，打造立体化的教育阵地，线下教学则能够强化面对面的情感沟通，增进师生互信。另一方面，线上学习能够为线下教学做好铺垫，帮助学生更好地掌握思想政治理论知识，线下教学则能加深其对线上内容的理解、消化和内化。两种教学方式循环往复、相互促进，共同构成完整的育人闭环。

（二）课堂讨论与自主学习相结合

课堂讨论与自主学习相结合充分体现了以学生为中心的教学理念。在新媒体技术的支持下，这一教学方式能够最大限度地调动学生的主动性和参与性，培养其独立思考、分析问题、解决问题的能力，进而实现学生思想政治教育的创新发展。

课堂讨论是课堂教学中的重要环节，它要求学生在掌握基本知识的基础上，运用所学理论分析现实问题，表达自己的观点看法。在讨论过程中，学生不仅能够加深对理论知识的理解，还能学会聆听他人意见，尊重不同观点，提高思辨能力和表达能力。思想政治教师应充分发挥引导作用，鼓励学生发言，营造平等、包容的课堂氛围。思想政治教师还应及时总结讨论成果，梳理知识脉络，帮助学生构建系统完整的知识体系。

自主学习是课堂教学的重要补充，它强调学生在思想政治教师指导下，根据自身特点和需求制订学习计划，选择学习资源，开展个性化学习。在自主学习过程中，学生可以充分利用新媒体平台提供的丰富资源（如慕课、微课、电子书等），根据自己的学习节奏和兴趣爱好，深入探究感兴趣的问题。这种学习方式不仅能够满足学生的个性化需求，提高学习效率，还能培养其自主学习能力和终身学习意识，为其未来发展奠定基础。

　　课堂讨论与自主学习相结合，能够实现线上线下、课内课外的有机融合，构建起立体化、多维度的教学模式。线下课堂讨论为学生提供了面对面交流的机会，线上自主学习则突破了时空限制，为学生创造了更加开放的学习环境。二者相辅相成、互为补充，共同服务于思想政治教育的总体目标。

　　在实施过程中，思想政治教师应充分利用新媒体技术优化教学设计，创设贴近学生生活实际、富有时代特色的讨论主题，激发学生的参与热情。思想政治教师应加强对自主学习过程的指导和监督，引导学生科学制订学习计划，选择优质学习资源，提高自主学习的针对性和实效性。思想政治教师还应建立合理的评价机制，将课堂讨论和自主学习纳入考核范围，综合评估学生的学习表现和能力发展。

二、翻转课堂模式

(一) 翻转课堂的内涵与特征

　　翻转课堂强调以学生为中心，充分尊重学生的主体地位，激发其学习兴趣和主动性。在翻转课堂中，思想政治教师是学生学习的引导者和协助者。思想政治教师需要精心设计教学内容和学习任务，为学生提供丰富的学习资源（如微课视频、电子课件、在线测试等），引导学生在课前完成自主学习。课堂时间则主要用于学生之间的互动、讨论和问题解决，思想政治教师提供适时的指导和反馈。这种"课前学、课中练、课后评"的教学流程，有利于学生构建自己的知识体系，培养独立思考和解决问题的能力。

　　翻转课堂重视对学习过程的评价。在翻转课堂中，思想政治教师会采用多元化的评价方式（如学习任务完成情况、课堂表现、小组合作等），全面评估学生的学习效果和能力提升情况。这种过程性评价不仅能及时发现学生学习中的问题，还能激励学生持续改进和提高。翻转课堂还注重因材施教，根据学生的个体差异提供个性化的学习支持。思想政治教师可以通过大数据分析等技术，精准把握每名学生的学习特点和需求，从而提供更加精准、高效的教学。

　　翻转课堂能够拓展课堂时空界限、促进信息技术与教育教学深度融合。在信息化时代，学习已不再局限于课堂内，而是可以随时随地进行。翻转课堂充分利用了互联网、移动终端等新兴技术，为学生提供了更加便捷、灵活的学习方式。学生可以利用碎片化时间，通过手机、平板等设备访问在线学习资源，与思想政治教师和同伴进行交流互动。这种泛在的学习方式，打破了传统课堂的时空限制，极大地拓展了学生的学习空间。翻转课堂的实施也促进了信息技术在教育教学中的应用，推动了教育信息化的发展。思想政治教师需要利用信息技术手段设计并制作教学资源，组织开展在线教学活动，这对其信息素养和教学能力提出了更高要求。

翻转课堂作为一种新型的教学模式，其内涵和特征体现了以学生为中心、注重过程评价、促进个性化学习、拓展时空界限等先进教育理念。这种教学模式的推广和应用，有利于推动教育教学的发展创新，提高人才培养质量。在新时代背景下，深入研究翻转课堂的内涵特征及其教学实践，有利于推动我国教育事业的发展。

（二）翻转课堂在思想政治教育中的应用

翻转课堂"课前学生自主学习，课中师生互动讨论，课后巩固提升"的教学流程，有效激发了学生的学习主动性，提高了思想政治课的教学效果。

在翻转课堂中，思想政治教师是学习过程的设计者和引导者。课前，思想政治教师需要精心设计学习任务，提供优质的学习资源，引导学生自主完成知识的初步学习和内化。这个环节不仅能够帮助学生掌握基本概念和原理，还能培养其自主学习的能力和习惯。课中，思想政治教师需要通过设计探究性问题、组织小组讨论、开展案例分析等互动式教学活动，引导学生深入思考，积极表达自己的观点，使其在与他人的交流碰撞中加深对知识的理解，提高分析问题和解决问题的能力。

翻转课堂注重学生的参与和体验。学生不再是被动的知识接受者，而是学习过程的主人。通过自主学习和互动讨论，学生能够更加深刻地领会思想政治课所蕴含的真理力量，树立正确的世界观、人生观、价值观。在表达观点、聆听他人看法的过程中，学生的批判性思维和沟通表达能力也能得到锻炼和提升。

翻转课堂在思想政治教育中的应用，有助于实现教学内容的创新和教学方式的改变。传统的思想政治课教学往往以教材为中心，其内容相对固定和抽象。翻转课堂要求思想政治教师根据教学目标和学生特点，不断更新优化教学内容，将前沿理论、社会热点、现实案例等引入课堂，增强教学内容的时代性和吸引力。翻转课堂的互动性和参与性，也为思想政治课教学注入了新的活力。

（三）翻转课堂模式的实施策略

翻转课堂是一种颠覆传统教学模式的创新尝试，它通过重构教学流程、调整教学资源配置，最大限度地激发学生的学习主动性和参与热情。翻转课堂模式的实施策略主要有以下四种。

1. 思想政治教师要精心设计翻转课堂的教学内容

翻转课堂强调学生的自主探究和协作互动。因此，思想政治教师在备课时必须深入分析教材，提炼出能够引发学生思考、讨论的核心问题，并围绕这些问题设计形式多样、富有挑战性的教学活动。思想政治教师还应充分利用慕课、微课等在线教学资源，为学生提供丰富的自主学习材料，满足其个性化、差异化的学习需求。

2. 思想政治教师要灵活运用多种教学方法，调动学生参与翻转课堂的积极性

在翻转课堂中，思想政治教师是学生学习的引导者和促进者。为此，思想政治教师要根据教学内容和学生特点，恰当运用案例分析、小组讨论、角色扮演、情景模拟等教学方法，营造民主、平等、互动的课堂氛围。通过设置开放性问题，鼓励学生表达观点、相互质疑并辩论，引导其在碰撞交流中加深对知识的理解，提升思辨能力和表达能力。思想政治教师还要注重师生、生生之间的情感互动，用真诚、平等的态度对待每名学生，唤起其参与热情，增强其获得感和成就感。

3. 思想政治教师要建立完善的考核评价体系

思想政治教师应建立过程性评价与终结性评价相结合的多元考核体系。一方面，要通过课堂提问、随堂测验、小组任务等形式，对学生的课前准备、课中参与、课后反思等进行全过程、多维度的考核，关注其知识掌握、能力提升的情况。另一方面，要采取自评、互评、师评相结合的方式，引导学生主动参与评价过程，使其学会用发展的眼光审视自己和他人，增强其自我教育、自我完善的意识和能力。科学合理地考核评价，不仅能够及时帮助学生发现问题、改进不足，还能极大地提升其参与翻转课堂的动力和信心。

4. 思想政治教师要营造良好的翻转课堂教学生态

学校要加强软硬件设施建设，为翻转课堂的开展提供必要的技术支持和环

境保障，如建设智慧教室，配备移动终端，升级网络设施等。思想政治教师要与学生形成教学共同体，在相互信任、平等对话中探索适合的教学策略和方法。思想政治教师还要主动与其他任课教师沟通协作，分享经验做法，提高整体教学效果。

三、项目式学习模式

（一）基于真实问题情境的项目设计

项目式学习旨在通过设置与现实生活密切相关的项目任务，引导学生在实践中主动建构知识，培养其分析问题、解决问题的能力。这种教学设计理念符合学生认知发展规律，有利于激发学生的学习兴趣，提高教学的针对性和实效性。

在设计基于真实问题情境的项目时，思想政治教师需要深入分析学生的认知特点和学习需求，了解他们已有的知识基础和能力水平。在全面把握学情的基础上，思想政治教师能够设计出契合学生发展需要、富有挑战性的项目任务。同时，项目情境的选择应贴近学生生活，与其切身感受相联系。这样不仅能够调动学生学习的主动性，还能帮助其建立知识与生活的联结，真正实现学以致用。

在具体设计过程中，思想政治教师要注重项目任务的开放性和综合性。开放性是指项目任务应有多种解决方案，鼓励学生从不同角度、运用不同策略去探索问题的答案。这不仅能够开阔学生思维，培养其创新意识，还能培养学生勇于尝试、敢于质疑的科学精神。综合性则要求项目任务综合运用多学科知识，不拘泥于单一学科视角。通过跨学科的项目实践，学生可以打破知识壁垒，学会从多元视角分析问题，形成全局化的思维方式。

思想政治教师应关注项目任务的层次性设计。根据学生能力水平的差异，可以在项目中设置不同难度的子任务，实现分层教学。对于基础薄弱的学生，可以适当降低任务难度，巩固其学科基本功；对于学有余力的学生，可以布置更富挑战性的任务，引导其不断超越自我。这种因材施教的设计理念，能够最大限度地调动每名学生的学习积极性，使其实现个性化发展。

在设计项目任务时，思想政治教师要高度重视对学生的指导和帮助。面对复杂的真实问题情境，学生会遇到思维障碍和操作困难。这时，思想政治教师要及时给予启发引导，帮助学生厘清思路，提供必要的支持和鼓励。在思想政治教师与学生的密切配合下，项目式学习能够真正落到实处，取得预期成效。

（二）小组协作式的项目实施过程

小组协作式项目作为一种创新的教学模式，能够有效融合新媒体优势，增强思想政治教育的针对性和实效性。以下是对在新媒体视域下探讨大学生思想政治教育小组协作式项目实施过程的详细阐述。

1. 新媒体平台的选择与整合

在项目启动初期，要选择并整合适合大学生思想政治教育的新媒体平台。这包括短视频平台、在线协作工具及思想政治教育专属软件等。通过这些平台，可以构建线上线下相结合的学习生态系统，为小组协作提供丰富的资源和便捷的沟通渠道。同时，应设计项目官网或专属页面，集中展示项目背景、目标、进度及成果，增强项目的透明度和影响力。

2. 团队建设与任务分配

在项目实施过程中，要组建跨学科、跨年级的思想政治学习小组，鼓励学生根据自身兴趣和专业背景自由组合，形成优势互补的团队。在团队建设中，应注重培养学生的新媒体素养，包括信息筛选能力、内容创作能力、网络沟通能力及网络安全意识等。可以通过专题讲座、工作坊等形式，引导学生正确认识和使用新媒体，为项目实施奠定坚实基础。还应根据项目需求，明确各小组成员的职责分工，确保任务分配的合理性和高效性。

3. 项目策划与内容创作

在项目策划阶段，应鼓励学生结合时事热点、校园文化等主题，运用新媒体手段进行创意策划。例如，可以策划制作系列短视频、微电影等，通过生动形象的方式讲述思想政治故事，传递正能量。还应利用新媒体平台的数据分析功能，了解受众偏好，精准定位内容方向，提高传播效果。在内容创作过程中，应注重理论与实践相结合，引导学生深入思考，将思想政治理论知识内化为自身的价值追求和行为准则。

4. 项目实施与互动反馈

在项目实施过程中，各小组须按照既定计划有序推进，同时保持高度的团队协作。可以利用在线协作工具进行远程会议、资料共享和进度跟踪，确保项目顺利进行。还可以通过新媒体平台发布项目进展，邀请校内外专家、师生及社会公众参与讨论，收集反馈意见。思想政治教师应鼓励学生积极回应评论，利用新媒体的即时互动性，形成良好的交流氛围。这种双向互动不仅能够促进项目的持续改进，还能提升学生的参与感和成就感。

（三）多元化的项目学习成果评价

项目式学习强调学生在真实情景中运用知识解决问题，注重培养其批判性思维、创新意识、团队协作等关键能力。因此，项目学习成果的评价应突破单一化、片面化的局限，建立起与其培养目标相适应的多元评价体系。

从评价主体来看，项目学习成果的评价应包括思想政治教师评价、学生自评、同伴互评等维度。思想政治教师作为学习过程的组织者和引导者，通过对学生的项目研究进行全程跟踪指导，能够全面把握其知识运用、问题解决等方面的表现。通过设置科学合理的评价指标，思想政治教师可以系统地考查学生在项目学习中的收获和不足。学生自评是项目学习成果评价中不可或缺的重要环节。通过自我反思和总结，学生能够梳理项目研究的过程，查漏补缺，明确未来努力的方向。这种元认知能力的培养，有利于学生形成自主学习、终身学习的意识和习惯。同伴互评能够最大限度地发挥学生的主体性，使其在相互评价的过程中学会欣赏、包容、批判，提升人际交往能力。

从评价内容来看，项目学习成果的评价应囊括知识、能力、情感态度与价值观等层面。在知识层面，评价应关注学生对项目研究涉及的概念、原理等基本知识的理解和掌握，考查其运用知识分析问题、解决问题的能力。在能力层面，评价应重点考查学生在项目研究中表现出的创新意识、批判性思维、信息收集与处理、沟通表达、团队协作等关键能力。这些能力的形成不仅有助于提升学生的综合素质，还有利于其适应未来社会发展。在情感态度与价值观层面，评价应着眼于学生在项目研究中展现的好奇心、进取心、责任感、协作意识、科学精神等，引导其树立正确的世界观、人生观、价值观。

从评价方式来看，项目学习成果的评价应采取过程性评价与终结性评价相结合，定性评价与定量评价相结合的综合方式。过程性评价贯穿于项目研究的全过程，通过学习档案、研究日志、阶段性成果等方式记录和反映学生的学习历程，重视学习过程中的点滴进步。终结性评价则侧重于项目研究结束后对学生学习效果的系统考查，可采取成果汇报、作品展示、知识测试等形式。定性评价主要通过观察、访谈等方式获取学生在项目学习中的行为表现和情感反应，注重学生发展的个性化。定量评价则运用测验、问卷等方式收集数据信息，力求客观、准确地反映学生的学习效果。通过定性与定量评价的有机结合，可以形成对学生发展的立体化、全景式描述。

四、多媒体教学模式

（一）多媒体资源设计应用

在大学生思想政治教育领域，科学设计和应用多媒体资源有利于提高教学质量、培养学生综合素质。

从知识传授的角度来看，多媒体资源能够帮助学生更直观、更深入地理解思想政治理论知识。传统的教学模式以思想政治教师讲授为主，学生被动接受，难以调动学习积极性。通过多媒体技术，思想政治教师可以将抽象的理论知识转化为生动形象的图文、音视频等形式，激发学生的学习兴趣。

从能力培养的角度来看，多媒体资源有助于锻炼学生的思辨能力和创新意识。在信息时代，学生获取知识的渠道日益多元化，也面临信息过载、真伪难辨的挑战。思想政治教师可以引导学生利用多媒体资源开展探究性学习，培养其收集、筛选、分析信息的能力。例如，思想政治教师可以布置一项社会热点调研任务，要求学生运用网络、数据库等多媒体资源搜集相关材料，撰写调研报告。在这个过程中，学生不仅能够学会甄别信息，还能够提出自己的见解，锻炼独立思考的能力。

多媒体资源的教学应用应遵循教育教学规律，体现育人导向。一方面，思想政治教师要立足课程目标，精心设计多媒体教学内容。要充分考虑学生的认知特点和接受能力，选取适合的媒体形式和呈现方式，避免为用而用。另一方面，思想政治教师要发挥主导作用，组织教学活动，引导学生深化对多媒体资源的理解和思考。

（二）多媒体教学评价体系

传统的教学评价往往过于单一，难以全面反映教学质量和学生发展状况。为了突破这一局限，思想政治教师应积极探索多元化的评价方式，建立科学、综合的多媒体教学评价体系。

多媒体教学评价体系应包括形成性评价和总结性评价两大类型。形成性评价贯穿于教学全过程，注重对学生学习状态的动态监测和及时反馈。思想政治教师可以通过课堂观察、提问、测验等方式，了解学生的知识掌握程度、能力发展水平，发现学习中的困难，并据此调整教学策略。思想政治教师还可以引导学生开展自评和互评，培养其自主学习和合作学习的意识与能力。总结性评价则侧重于对学生学习结果的综合考察。除了传统的期末考试，思想政治教师还可以采用操作考核、项目报告、学习档案袋等形式，全方位评估学生运用多媒体技术分析问题、解决问题的能力。

多媒体教学评价体系的内容应具有多维性，要关注学生对知识技能的掌握，考查其情感态度、创新意识等非智力因素。在知识技能维度，思想政治教师应重点评估学生运用多媒体工具获取、处理、表达信息的能力，以及将理论知识应用于实践的能力。在情感态度维度，思想政治教师要引导学生正确认识多媒体技术，树立科学、严谨、创新的学习态度。评价指标还应涵盖学生的团队合作意识、沟通表达能力等，以促进其综合素质的提升。

多媒体教学评价体系应体现发展性原则。评价不应局限于一次性的结果测量，而应关注学生的成长过程和个体差异。通过连续记录学生在不同学习阶段的表现，分析其进步与不足，思想政治教师能够更加准确地把握每名学生的发展轨迹，从而因材施教，助力学生持续进步。

第三节　新媒体技术在大学生思想政治教育中的应用

一、虚拟现实技术在大学生思想政治教育中的沉浸式体验

（一）虚拟场景的构建

在信息技术日新月异的时代背景下，传统的思想政治教育模式已难以满足数字原住民大学生的认知特点和学习需求。积极运用虚拟现实、增强现实等前沿技术，创设沉浸式、交互式的虚拟教学场景，已成为提升大学生思想政治教育实效性的必然选择。

从认知心理学的角度来看，虚拟场景能够为学生提供身临其境的学习体验，

激发其探索欲和好奇心，加深其对思想政治知识的理解和内化。在虚拟场景中，学生通过自主探索、互动操作等方式主动构建知识体系。这种参与式、体验式的学习方式更符合学生的认知规律，有助于提高思想政治教育的针对性和吸引力。虚拟场景还能打破时空限制，将历史场景等移植到数字空间，使学生身临其境地感悟信仰的力量、体验信念的真谛，从而增强思想政治教育的现实感和说服力。

构建高质量的虚拟教学场景需要思想政治教师具备扎实的专业知识和较强的信息素养。一方面，思想政治教师要深入挖掘思想政治教育内容的育人元素，将抽象的理论知识转化为生动鲜活的情境体验。另一方面，思想政治教师要与信息技术专家密切合作，优化场景设计，提升沉浸感和交互性。

（二）沉浸式互动体验

虚拟现实营造的沉浸式体验能够吸引学生注意力，激发其学习兴趣，提高教学效果。在虚拟现实环境中，学生能够主动参与教学过程，通过与虚拟场景和虚拟角色的互动，加深对思想政治内容的理解和内化。

沉浸式互动体验有助于加深学生对思想政治内容的理解。传统课堂教学往往以思想政治教师讲授为主，学生被动接受，很难形成有效互动。在虚拟现实环境下，学生可以与虚拟人物进行对话交流，参与决策，感受事件发展。例如，思想政治教师可以设计一个虚拟情境，要求学生扮演国外记者，采访我国各领域的先进代表。通过与这些虚拟人物的交流，学生能够直观地感受到我国在理论、制度、文化等方面的独特优势，增强道路自信、文化自信。互动性的引入打破了传统思想政治教学的单向度，使学生成为知识建构的主体，提升了教学实效性。

沉浸式互动体验能够实现情境教学，强化思想政治内容。思想政治理论具有很强的指导性和实践性，但由于其理论高度和抽象性，学生往往难以领会其精髓，也无法将理论运用到现实问题的分析中。虚拟现实技术能够创设贴近学生生活的情境，引导学生在具体情境中感悟和运用思想政治原理。例如，在学习市场经济相关理论时，思想政治教师可以设计一个虚拟的经济运行场景，使学生参与生产、交换、分配等环节，感受市场机制的作用。在货币政策调控的虚拟情境中，学生可以扮演决策者的角色，运用所学知识调节利率、汇率等，体验宏观调控的过程。情境化的设计增强了学生运用理论分析问题的能力。

二、移动终端在大学生思想政治教育中的应用

（一）移动终端思想政治教育的便捷性

移动终端具有便携性强、使用灵活、功能丰富等特点，能够突破时空限制，实现教育内容的无缝传递。学生可以利用碎片化时间，通过手机、平板电脑等移动设备，随时随地接受思想政治教育。这种便捷的学习方式不仅能够提高教育的覆盖面和渗透力，还能激发学生的学习兴趣，培养其主动学习的意识和习惯。

移动终端思想政治教育能够丰富教育资源。依托移动互联网技术，思想政治教师可以将文字、图片、音频、视频等形式的教育内容整合到移动平台，创设生动直观、寓教于乐的学习情境。学生可以根据自己的兴趣爱好和认知特点，自主选择学习资源，开展个性化、自适应的学习。移动终端还能够支持师生之间、生生之间的即时互动和交流。学生遇到疑惑可以随时向思想政治教师请教，思想政治教师也能够更加及时地把握学生的思想动态，有针对性地开展教育引导。这种便捷高效的互动模式有利于增进师生之间的情感联结，营造良好的教学氛围。

移动终端思想政治教育能够实现线上线下的有机结合，构建"移动课堂＋实践活动"的立体化教学模式。思想政治教师可以利用移动平台布置与教学内容相关的社会实践任务，引导学生走出校园，深入基层，在实践中感悟理论知识，提升思想觉悟。学生在完成实践任务后，可以通过移动终端提交心得体会，与师生分享收获和感想。这种产学研一体化的教学方式能够拓展思想政治教育的广度和深度，提升教育实效。

（二）移动终端思想政治教育的实时互动性

随着智能手机等移动终端的普及，学生的学习和生活方式发生了深刻变化。他们习惯于通过移动终端获取信息、表达观点、分享体验，这为思想政治教育者与学生开展实时互动提供了便捷渠道。

移动终端打破了传统思想政治教育的时空限制，使得教育过程能够延伸到课堂之外，贯穿于学生的日常生活之中。思想政治教师可以利用即时通信工具，与学生保持密切联系，随时了解他们的思想动态和情感需求。当学生遇到困惑

和挫折时，思想政治教师能够及时给予关怀和引导，帮助他们树立正确的世界观、人生观、价值观。这种沟通方式更加私密和个性化，使学生敞开心扉，有利于思想政治教师因材施教，提供针对性的思想引领。

移动终端为思想政治教育的互动形式带来了创新。思想政治教师可以通过社交媒体平台，发布富有吸引力的思想政治教育内容（如热点时评、案例分析、名人故事等），引发学生的兴趣和共鸣。学生可以通过点赞、评论、转发等方式参与互动，表达自己的见解，与思想政治教师和同学展开讨论。这个过程有助于增强学生的主体性和参与感，使思想政治教育变得更加生动有效。

移动终端为思想政治教育资源的共享和传播提供了便利。思想政治教师可以利用移动网络，整合优质的思想政治教育资源（如微课、慕课、电子书等），供学生自主学习。学生也可以利用移动终端，随时随地访问这些资源，开展个性化的学习和探究。优秀的学生还可以利用移动平台，创作和分享自己的思想政治教育心得，形成示范和带动效应。

（三）移动终端思想政治教育的个性化推送

传统的大学生思想政治教育主要依赖课堂教学和集体活动，教育内容和方式较为单一，难以满足当代大学生的个性化需求。移动终端的广泛应用为实现思想政治教育内容的精准推送、满足大学生的个性化需求创造了条件。

移动终端思想政治教育的个性化推送体现在内容的针对性上。基于学生的兴趣爱好、学习情况、心理状况等大数据分析，思想政治教育者可以为不同学生量身定制思想政治教育内容，有的放矢地进行引导和帮助。例如，对于学习成绩不理想的学生，可以重点推送自强不息、奋发图强的励志内容；对于心理状况欠佳的学生，可以适时推送心理健康教育的相关知识。这种针对性强的内容，容易引起学生的共鸣，提高思想政治教育的实效性。

移动终端思想政治教育的个性化推送体现在形式的多样性上。音频、视频等生动鲜活的形式，可以充分调动学生的多种感官，增强教育内容的吸引力和感染力。学生可以利用碎片化时间随时随地接受教育，不再局限于固定的时间和场所。个性化的互动形式（如在线答疑、心理咨询等）也能够拉近师生距离，及时解决学生的困惑。丰富多彩、贴近生活的教育形式，能够有效提高学生参与思想政治教育的积极性。

移动终端思想政治教育的个性化推送有利于构建精准评估和反馈机制。通过跟踪学生在线学习的数据，分析其兴趣偏好、接受程度等，思想政治教育者可以实时调整推送内容和策略，不断优化个性化教育方案。学生也可以及时获得个性化学习报告，了解自身的思想状况和提升空间。这种精准评估和反馈，能够形成良性互动，促进思想政治教育质量的持续提高。

三、社交媒体在大学生思想政治教育中的传播效能

（一）社交媒体在大学生思想政治教育中的信息传播优势

社交媒体不仅为大学生提供了广阔的信息获取渠道，还为思想政治教育者进行教育教学提供了重要阵地。

从信息传播的广度来看，社交媒体打破了传统媒体的时空限制，实现了教育内容的全时空覆盖。通过多样化的社交平台，思想政治教育者可以随时随地向学生传递正能量，引导其树立正确的世界观、人生观、价值观。学生也能够便捷地获取思想政治教育资源，拓宽知识视野，丰富精神世界。这种全时空、无障碍的信息传播方式，极大地提升了思想政治教育的针对性和实效性。

从信息传播的深度来看，社交媒体为思想政治教育内容的创新提供了广阔空间。传统的思想政治教育往往以理论灌输为主，难以调动大学生的学习兴趣。社交媒体则可以通过生动鲜活的案例、精美绝伦的图片等形式，将枯燥的理论知识转化为易于接受和理解的具象内容。这种寓教于乐的传播方式，不仅能够激发大学生的学习热情，还能引导其主动思考、积极践行，提升思想政治教育的吸引力和感染力。

从信息传播的互动性来看，社交媒体为思想政治教育搭建起了师生交流的便捷平台。在社交媒体上，思想政治教师可以及时了解学生的思想动态，回应其关切和困惑；学生可以随时向思想政治教师请教，表达自己的观点和看法。这种平等、开放的互动交流，有助于拉近师生距离，增进彼此了解和信任，为思想政治教育的顺利开展奠定良好基础。社交媒体还为学生之间的交流与讨论提供了场域，他们可以在这里分享见解、碰撞思想，在互动中加深对思想政治内容的理解和认同。

（二）社交媒体在大学生思想政治教育中的互动性优势

社交媒体在大学生思想政治教育中的应用，充分发挥了其互动性优势，使教育过程更加灵活、多元、高效。

社交媒体为师生互动提供了便捷的平台，使思想政治教育突破时空限制，实现了全天候、全方位、多层次的互动交流。在社交媒体上，思想政治教师可以及时分享思想政治教育的相关内容，引导学生关注时事热点，参与社会议题的讨论。学生可以通过点赞、转发、评论等方式表达自己的观点和看法，与思想政治教师形成良性互动。这种平等、开放的交流氛围，有利于学生主动思考，积极发声。思想政治教师也能及时了解学生的思想动态，有针对性地开展教育工作。

社交媒体为学生之间的互动交流提供了广阔空间。学生可以在社交平台上自发组织主题讨论、辩论活动，分享学习心得和生活感悟。这种同伴互动有助于学生相互启发，共同进步，形成积极向上的网络舆论氛围。在交流互动中，学生能够加深对思想政治理论的理解，提高运用理论分析问题、解决问题的能力，增强社会责任感和集体主义观念。

社交媒体实现了教育形式的多样化。传统的思想政治教育以课堂讲授为主，形式相对单一。在社交媒体上，思想政治教师可以采用微视频、直播等富有吸引力和感染力的形式开展教育，激发学生的学习兴趣。学生也可以通过制作视频、撰写文章、开设专题博客等方式，积极参与思想政治教育实践，展示学习成果。多样化的互动形式，充分调动了学生的主动性和创造性，使思想政治教育更加生动、鲜活、富有成效。

（三）社交媒体在大学生思想政治教育中的时效性优势

1. 社交媒体能够及时捕捉和反映学生的思想动态

当代学生成长于信息化时代，社交媒体已经成为他们日常交流和表达的重要平台。学生在社交媒体上发布的文字、图片、视频等信息，真实记录了他们的生活状态、情感态度和价值取向。通过对这些信息的分析和研判，思想政治教育者能够及时掌握学生的思想脉动，当发现苗头性、倾向性问题时，可以有针对性地开展教育引导工作。这种基于大数据分析的思想动态捕捉机制，极大地提升了思想政治教育的时效性和精准性。

2. 社交媒体有利于快速构建教育互动平台

传统的思想政治教育主要依托课堂教学、主题班会、个别谈话等方式进行，受时间和空间的限制，教育覆盖面有限，师生互动不够深入。社交媒体打破了时空界限，使得思想政治教育能够随时随地进行。思想政治教师可以通过社交媒体平台发布教育内容，引导学生参与讨论和交流。学生能够便捷地向思想政治教师寻求帮助，及时得到解惑与指导。这种网络化的教育互动，不仅拉近了师生距离，增进了情感交流，还提高了思想政治教育的针对性和实效性。

3. 社交媒体能够为思想政治教育提供丰富的资源支持

当前，各类社会热点、重大事件在社交媒体上能引发广泛而深入的讨论。学生通过社交媒体能够接触到不同背景、不同观点的言论，从而拓宽视野、启发思考。思想政治教师则可以利用社交媒体海量的案例素材，设计富有吸引力和感染力的教学内容。一些权威媒体、专家学者也在社交平台上开设账号，及时发布资讯见解，成为思想政治教育的有益补充。社交媒体极大地丰富了思想政治教育的资源，为创新教育内容和方法提供了广阔空间。

参考文献

[1]　王丽媛.新媒体环境下大学生思想政治教育理论研究[M].北京:金城出版社,2022.

[2]　陈丽萍.基于新媒体环境的大学生思想政治教育研究[M].北京:北京工业大学出版社,2020.

[3]　朱金山.新媒体与大学生思想政治教育研究[M].长春:吉林出版集团股份有限公司,2021.

[4]　王美春.新媒体时代大学生思想政治教育的发展与创新研究[M].北京:九州出版社,2020.

[5]　王华,汪慧,房美玲.新媒体时代提高大学生思想政治教育实效性的创新发展研究[M].北京:九州出版社,2021.

[6]　张翔,马中力.新媒体视角下大学生思想政治教育创新探索[M].延吉:延边大学出版社,2022.

[7]　康小兵.新媒体环境下大学生思想政治教育研究[M].北京:研究出版社,2021.

[8]　郭素莲.新媒体与大学生思想政治教育研究[M].北京:九州出版社,2020.

[9]　华夏.新媒体时代高校大学生思想政治教育创新研究[M].北京:中国华侨出版社,2021.

[10]　叶楠.大学生思想政治教育的时代诠释[M].北京:九州出版社,2023.

[11]　钟燕.新媒体视野下大学生思想政治教育创新探索[M].天津:天津人民出版社,2022.

[12]　李书华,石丽萍.新媒体环境下大学生思想政治教育接受机制研究[M].北京:知识产权出版社,2020.

[13]　欧晓彦.新媒体时代高校思想政治教育研究[M].沈阳:辽宁人民出版社,2023.

[14]　吴文妍,鲁玲玉,毕虹.当代高校思想政治教育理论与实践研究[M].延吉:延边大学出版社,2022.

[15]　王逸文,刘晓明,邬琼.新媒体时代下高校思想政治教育的发展研究[M].北京:中国民主法制出版社,2023.